MADELYNE MEYER

ENDLICH WEIN VERSTEHEN

Einfach. Klar. Ungefiltert.

at VERLAG

INHALT

Mein Weg zum Wein 6
Einleitung 10

DIE BASICS

Weingläser 14
Serviertemperatur 16
Umgang mit Flasche und Glas 18
Haltbarkeit 19
Dekantieren oder Karaffieren 20
Verschlüsse, Flaschenformen 22
Food and Wine Pairing 25
Rund um den Weingenuss 29
Weinflecken entfernen 33
Lagerfähige Weine 34
Katerbewältigung 36

DEGUSTIEREN

Das Auge 40
Die Nase 42
Fehlernoten 44
Der Gaumen 46
Zucker: Exkurs 48
Süßweine 49
Weinstile oder Weincharaktere 50
Aromakreuz 54
Aromaentstehung 56
Der Gesamteindruck 60

WEINANBAU

Terroir 64
Das Rebenleben 76
Traubensorten 80
Anbauregionen 89
Frankreich: Bordeaux, Burgund 90
Italien: Piemont, Toskana 93
Spanien 96
Portugal 97
Douro und Duero 98
Schweiz 99
Österreich 100
Deutschland 101
Kalifornien 102
Argentinien 103

WEINAUSBAU

Weinherstellung 106
Rotweinherstellung 112
Weißweinherstellung 116
Roséherstellung 120
Schaumweinherstellung 124
Gaumeneffekte 133
Philosophien des Weinanbaus 137

ANHANG

Glossar 148

MEIN WEG ZUM WEIN

Von Weinkisten zum Weinwissen

Ich trinke Wein. Ich liebe Wein.
Ich habe keine Ahnung von Wein.

Mit diesen Gedanken begann meine Geschichte und mein Weg von der Weinamateurin zur Weinexpertin.

Aufgewachsen in einer Weinhandelsfamilie, verbrachte ich meine Schulferien im Keller unserer Weinkellerei, wo ich Holzkisten mit Brecheisen öffnete, Flaschen auf Fließbänder stellte, Spezialetiketten aufklebte und Kochwein in Bag-in-Box-Verpackungen abfüllte. Ich liebte diese Jobs. Vor allem den Geruch von Wein, der gerade abgefüllt wurde. Aber auch die aufgeweckten Männer in Latzhosen, die emsig auf ihren Elektrohubwagen Wein für unsere Kunden auf Paletten zusammenstellten.

Wein wurde dann erst wieder in meiner Bachelorarbeit zum Thema. Darin befasste ich mich mit dem Prozess, internationale Weintrends zu erkennen. Ich durfte den Geschäftsführer unserer Kellerei an die größte Weinmesse Europas begleiten, die »Prowein« in Düsseldorf. Dort trafen wir Weinproduzenten und -produzentinnen, die ihren Job als Passion und Berufung wahrnahmen. Ich war augenblicklich mit dem Weinvirus infiziert und wusste, dass ich niemals in einer anderen Branche arbeiten will. Ich absolvierte diverse Weinkurse und konnte als Hospitality-Praktikantin auf zwei kalifornischen Weingütern arbeiten. Dort lernte ich auch meine überaus tatkräftige Mentorin Lindsey kennen, der ich letztlich meine Karriere in der Weinwelt zu verdanken habe. Wöchentlich stellte sie mir neue Herausforderungen, trieb mich zum Abschluss des »Certified Wine Specialist« an, warf mich immer wieder ins kalte Wasser. Sie war meine größte Inspiration.

Auf meinem Weg zur zertifizierten Weinspezialistin wurde mir sehr schnell bewusst, dass Wein trinken mehr Spaß macht, als sich Wissen über Wein anzueignen. Das Lernmaterial wirkte auf mich wie eine Lektion im Algebra-Buch: rational, technisch und trocken. Wo blieb da die Freude, die Passion? Und wie sollte ich mir die vielen Informationen mit meinem Goldfischhirn und meiner Konzentrationsspanne eines Welpen nur merken?

Dank einer Lerntherapeutin, die mir beibrachte, Landkarten, Wörter und Formeln mithilfe von Farben und Formen auswendig zu lernen, wurde mir klar, dass ich sehr visuell veranlagt bin. Mein Bachelorstudium der Betriebsökonomie bestand ich nur dank Abertausender vielfarbiger, überdimensional großer Mind-Maps, die ich entworfen habe. Der Gedanke, dass es vielen anderen genauso ergeht, ging mir nicht mehr aus dem Kopf. So kam es dazu, dass ich alles, was ich gelernt hatte, in Form von Weinillustrationen auf meinem Blog namens Edvin (educating wine) zu teilen begann.

Wenn ich auf dem Weingut in Kalifornien Degustationen durchführte, fiel mir auf, dass die Gäste, das Personal, praktisch alle konstant über französische Weine, genauer gesagt Bordeaux sprachen. »Da muss was dran sein«, dachte ich mir, packte meine Siebensachen und begann mein Studium in Wine Marketing & Management in Bordeaux, wo ich nebenbei für einen Weinhändler als Marketingassistentin arbeitete. Während meines Aufenthalts gewann ich auch einen Weinblog-Wettbewerb im Bereich »Wine & Travel«, dank dem ich eine Woche auf einem Château in Saint-Emilion verbringen durfte und der meinem Blog ein gewisses Gewicht verlieh.
Das war der Moment, als ich realisierte, dass mein Blog auch andere Menschen interessiert, nicht nur meine mich unterstützende Familie und geduldige Freunde.

Im Herbst 2016, nach dem Abschluss meines Studiums und Praktikums in Bordeaux, packte mich das Heimweh, und ich kehrte zurück in die Schweiz. Mit einem prallen Rucksack voller Weinwissen und einer guten Portion Selbstvertrauen hatte ich nur noch ein Ziel: Kreiere den unterhaltsamsten und einfachsten Weinblog der Schweiz.

Den Blog teilte ich via Facebook und Instagram, meine wichtigsten Kommunikationswege. Zurück in der Schweiz, wurde mir bewusst, dass ich den Wein nicht nur digital erklären, sondern ihn persönlich den Menschen näherbringen muss. Ich begann Weinkurse durchzuführen, die nochmals viele neue Impulse brachten. Dank dem unmittelbaren Austausch mit den Teilnehmenden erfuhr ich, wo die Unklarheiten bezüglich Wein tatsächlich stecken. Fragen über Fragen, die ich mir selbst nie gestellt hätte und die mich zwangen, auf dem Boden der Tatsachen zu bleiben. Daran knüpfen auch meine Erklärungen zum Wein an.

Edvin.

Wenn ich heute meinen Instagram-Feed edvin_uncorked durchstöbere, strahle ich vor Glück. Ich sehe Fotos, GaultMillau-Kolumnen, Interviews, Illustrationen, Zeitungsartikel, TV-Auftritte, Filmchen, die alle etwas gemeinsam haben: Freude am Weinwissen.

Und genau dies, lieber Leser, liebe Leserin, will ich Ihnen mitgeben. Mit diesem Buch bekommen meine Zeichnungen Leben. Sie werden real und finden bei Gleichgesinnten ein neues Zuhause.

Zum Wohl, liebe Weinfreunde!

EINLEITUNG

MEINE MISSION,
DIE VEREINFACHUNG DER WEINSPRACHE

DIE WEINWELT SAGT:

»Wunderbar, diese Röstaromen.«

»Definitiv noch zu jung.«

»Tatsächlich nur fünfzig Prozent malolaktische Fermentation?«

»Boah, ich rieche zu viel flüchtige Säure.«

»Hier müssen sich die Tannine doch noch etwas integrieren.«

»Ja, typisch salzig, mineralisch.«

»Erstaunlich adstringent für einen Rosé.«

ICH SAGE:

»Über was zum Teufel reden die?«

Falls Sie ähnlich reagieren, sind Sie hier am richtigen Ort. Denn dieses Buch richtet sich an Weininteressierte, vor allem an Weinanfänger und -anfängerinnen. Zu Beginn meiner Weinkarriere war ich nämlich ebenfalls überfordert. Nicht nur das Lernmaterial, auch viele Weinexperten haben mich völlig entmutigt. Ganz zu schweigen vom respekteinflößenden Weinregal, das uns schon beim bloßen Nähertreten einschüchtert. Und dann erst die Weinkarten, die für jeden, der jemals lesen gelernt hat, schlichtweg eine Zumutung sind. Wie oft saß ich früher in einem Restaurant mit einer hundertseitigen Weinkarte in der Hand. Der Sommelier wartete mit geduldiger Miene auf meine Bestellung, und ich war sprachlos. All diese unaussprechlichen Bezeichnungen, insbesondere bei Weinen aus Frankreich. Entweder ich stammelte wie ein Kleinkind oder ich zeigte stumm mit dem Zeigefinger auf irgendeinen Wein.

Hier setzt meine Mission an: Ich will die Weinsprache vereinfachen. Indem ich Weinwissen strukturiere, herunterbreche und mit bunten Illustrationen erläutere. Damit Sie in Zukunft nicht mehr in Lexika, Google, Wikipedia und Weinatlanten zu suchen brauchen.

DIE

BASICS

Ich gehe davon aus, dass Sie dieses Buch gekauft haben, weil Sie Wein mögen. In erster Linie geht es Ihnen also darum, den Wein zu genießen. Sie haben aber festgestellt, dass Sie davon keine Ahnung haben. Genau da knüpft dieses Buch an. Es erklärt alles rund um den Umgang mit Wein. Voraussetzung ist nur, dass Sie eine Weinflasche öffnen können.

An dieser Stelle sei erwähnt, dass ich weder Sommelier bin noch eine Hotelfachschule besucht habe. Alles, was ich über die Bewirtung weiß, habe ich von meiner Mentorin, die Eventmanagerin war, während meines Praktikums gelernt. Es war eine absolut unakademische Lernweise, ganz praktisch und pragmatisch. Ich nehme mir hier auch die Freiheit, ein paar Regeln zu brechen, um vor allem eines zu erreichen: praktische Anwendbarkeit.

WEINGLÄSER

Eine der Fragen, die mir am häufigsten gestellt werden, ist, ob Form und Art des Weinglases wirklich eine Rolle spielen und ob man je nach Glas tatsächlich einen Unterschied bemerken könne. Meine Antwort: Ja, und sogar ganz krass! Versuchen Sie es, und schenken Sie Wein in einen Plastikbecher ein; Sie werden umgehend einen Termin bei Ihrem Hals-Nasen-Ohren-Arzt vereinbaren, weil Sie aufgrund der Becherform rein gar nichts riechen.

Es gibt Weingläser in Dutzenden von Formen, dazu gemacht, einem Wein das absolute Maximum seines Potenzials zu entlocken.

Für den Anfang empfehle ich ein Universalglas, in dem Weiß- und Rotweine gleichermaßen gut zur Geltung kommen.

Wer sich aber mit den Finessen befassen will, dem sei Folgendes empfohlen:

- Rotweinglas mit rundem Bauch und schmalerer Öffnung (Triangelform):
  Für Weine, die elegante, feine Aromen und einen eher leichten Körper haben wie zum Beispiel Pinot Noir oder Gamay. Durch das Schwenken im Glas öffnet sich der Wein gut, und dank der schmaleren Öffnung entweichen die Aromen nicht gleich.

- Rotweinglas mit gleichmäßig breitem Bauch und mit ähnlich großer Öffnung:
  Für Weine mit wuchtigeren Aromen und kräftigerem oder schwererem Körper wie zum Beispiel Cabernet Sauvignon oder Merlot. Durch den großzügigen Kelch können sich die Aromen mit der Luftzufuhr entfalten, während sie nach oben und hinausgleiten. Die breitere Oberfläche erlaubt, dass etwaiger Alkoholgeruch entweichen kann.

BURGUNDERGLAS

BORDEAUXGLAS

- Weißweinglas mit schmalem Kelch und schmaler Öffnung: Für praktisch alle Weißweine, außer schwere Chardonnays, die für ihren volleren Körper einen größeren Kelch benötigen. Die nach oben schmalere Form behält die floralen Aromen im Glas, die Säure kommt schön zum Ausdruck, und es entfalten sich mehr Aromen.

- Weißweinglas für Schaumwein: Schaumweine sind prickelnde Weine. Sie verfügen aber über mehr als nur Kohlensäure und können Frucht- oder Bäckereiaromen aufweisen. Diese Aromen können sich in einem engen Glas – Flûte genannt (ich nenne es liebevoll Reagenzglas) – nicht entfalten. Auch wir fühlen uns unwohl in einem zu engen T-Shirt. Deshalb empfehle ich hier das gleiche Glas wie für Weißwein.

SCHAUMWEINGLAS = WEISSWEINGLAS

Unterschied zwischen Rot- und Weißweingläsern:
Rotweine sind im Vergleich zu Weißweinen in der Regel kräftiger, weshalb ihre Aromen und Geschmacksnoten in einem größeren Glas oft besser zur Geltung kommen.

UNIVERSALGLAS

So sieht in etwa ein Universalglas aus. Ideal für Weiß- und Rotweine.

SERVIERTEMPERATUR

Hier könnte ich auf die richtige Serviertemperatur jeder einzelnen Traubensorte eingehen. Kann man machen. Muss man aber nicht. Denn, wenn wir ehrlich sind, beachten wir die richtige Serviertemperatur von Wein nur dann, wenn wir Gäste haben. An einem stinknormalen Netflixabend nimmt man einfach den Weißwein aus dem Kühlschrank oder greift nach einer Flasche Rotwein, die seit Monaten auf der Fensterbank steht.

Ihr Kühlschrank dürfte in der Regel auf eine Temperatur von etwa 7 Grad Celsius eingestellt sein.

Weißwein: 10–12 Grad Celsius

Der Wein ist nicht gekühlt? Ab ins Gefrierfach für 20 Minuten oder in den Kühlschrank für 60 Minuten. Der Wein ist im Kühlschrank? 15 Minuten vor dem Ausschenken herausnehmen.

Roséwein: 9–12 Grad Celsius

Analog Weißwein.

Schaumwein: 6–7 Grad Celsius

Der Schaumwein ist nicht gekühlt? Ab ins Gefrierfach für 60 Minuten.

Rotwein: 14–18 Grad Celsius

Der Wein ist nicht gekühlt? Ab ins Gefrierfach für 15 Minuten oder in den Kühlschrank für 30 Minuten.

Gut zu wissen:
Je wärmer der Wein, desto besser entfaltet er sich und zeigt seine Aromen. Wenn der Wein zu kalt ist, kann es sein, dass die Aromamoleküle so verschlossen sind, dass man nicht mal einen Korkfehler erkennen kann.

6 bis 7 °C
10 bis 12 °C bzw. 9 bis 12 °C
14 bis 18 °C

UMGANG MIT FLASCHE UND GLAS

KAPSEL AM UNTEREN RAND
EINSCHNEIDEN UND ENTFERNEN.

So fließt der Wein nicht über die Folie. Verhindert Tropfen.

BEIM EINSCHENKEN DIE FLASCHE
UM 180 GRAD IM UHRZEIGERSINN DREHEN.

Flasche nicht auf den Glasrand setzen.

FLASCHE IN DER MITTE HALTEN
ETIKETTE NACH OBEN GERICHTET.

150 ml entsprechen ca. 1/3 des Weinglases.

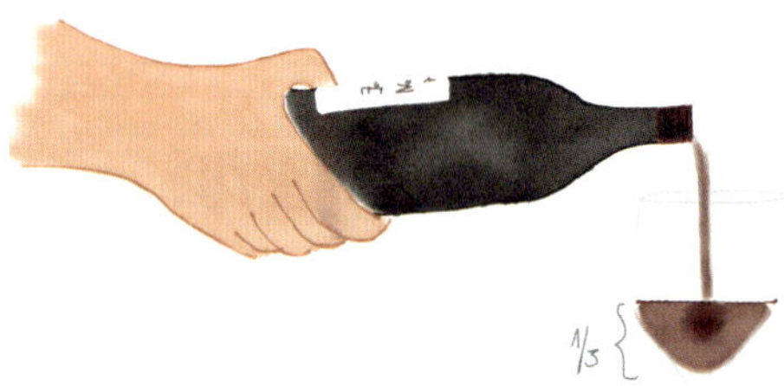

DER STIEL AM KELCH HAT EINEN ZWECK.

Glas nicht am Kelch halten, sondern am Stiel.

Der Wein wird sonst warm.

HALTBARKEIT

Es soll bewundernswerte Menschen geben, die eine Flasche Wein nicht zu Ende trinken – was mir selbst allerdings kaum jemals gelingt. Der folgende Abschnitt richtet sich an all jene züchtigen, disziplinierten Weingenießer.

Folgende Bedingungen müssen erfüllt sein:

Weißweine:

- Ursprünglichen Verschluss darauf.
- Ab in Kühlschrank.
- Senkrecht stellen.

Rotweine:

- Verschluss darauf.
- An einen dunklen, lichtgeschützten Ort oder in den Kühlschrank stellen.
- Senkrecht stellen.

Schaumweine:

- Unbedingt einen speziellen Schaumweinverschluss benutzen!
  Um dem hohen Kohlendioxiddruck standzuhalten, hat dieser spezielle Verschluss einen größeren Durchmesser und damit ein größeres Volumen als jene für stille Weine und wird mittels einer Klammer gesichert.
- Ab in den Kühlschrank.
- Senkrecht stellen, nicht liegend.

Übrigens: Was es mit dem Trick auf sich hat, den Stiel eines Kaffeelöffels in eine angebrochene Flasche Schaumwein zu stecken, um so die Kohlensäure darin zu behalten? Nichts. Genauso gut können Sie eine Gabel auf ein angeschnittenes Brot legen, um es vor dem Austrocknen zu schützen.

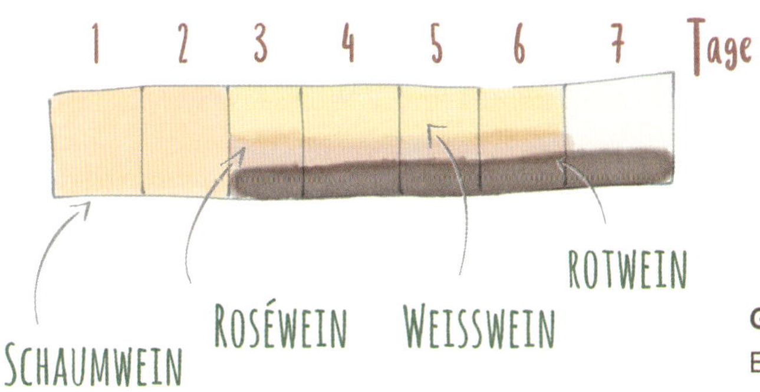

Gut zu wissen:
Ein geöffneter Wein hält sich generell etwa 3 Tage. Es gibt aber immer auch Ausnahmen.

DEKANTIEREN ODER KARAFFIEREN

Weine zu karaffieren, ist wahrscheinlich der einfachste Weg, seinen Gästen zu imponieren. Nur noch zu übertreffen durch das Sabrieren einer Champagnerflasche, das Entfernen des Korkens mit dem Schwert.

Stellen Sie sich vor: Der Wein, den Sie servieren wollen, lag mindestens ein Jahr in der Flasche, komplett geschützt vor jeglicher Sauerstoffzufuhr. Und nun stellen Sie sich mal vor, dass Sie selbst ein Jahr lang ohne Sauerstoffzufuhr auskommen müssten. Anstrengend, nicht wahr?

Fazit: Jeder Wein, auch ein junger, egal ob weiß oder rot, genießt einen Schluck Sauerstoff nach dem Entkorken, um sich entfalten zu können.

Sedimente sollten beim Umgießen in der Schulter der Weinflasche hängen bleiben.
Nur der reine Wein kommt in die Karaffe.
Falls trotzdem einige Rückstände in die Karaffe gelangen, bleiben sie beim Einschenken in das Glas, hier hängen.

DEKANTIEREN BEI ÄLTEREN, GEREIFTEN WEINEN

Sedimente/Depot (Gerbstoffe, Farbstoffe) vom Wein trennen

Bei älteren, gereifteren Weinen muss man vorsichtiger sein. Gerät der Wein mit zu viel Sauerstoff in Kontakt, kann er schnell oxidieren (er wird zu Essig).

Bei der Wahl des Dekantiergefäßes können wir entspannt bleiben: Wasserkaraffe, Blumenvase oder ein anderer Glasbehälter aus dem Haushalt. Hauptsache, es ist für jüngere Weine eine Karaffe mit größerem Bauch (mehr Sauerstoffkontakt) und für ältere Weine eine schmalere Karaffe (weniger Sauerstoffkontakt). Beim Dekantieren älterer Weine geht es darum, die Sedimente vom Wein zu trennen: Die Sedimente sollen in der Flasche bleiben und nur der reine Wein in das Dekantiergefäß gelangen. Den Wein also erst in das Gefäß gießen, wenn sich die Sedimente auf dem Boden gesammelt haben.

Karaffieren bei jungen Weinen

Sauerstoffzuführung/Weinbelüftung

Sauerstoff sorgt dafür, dass sich die Aromen schön entfalten. Deswegen tut dies auch jungen Weinen gut, die zu Anfang oft noch ein wenig verschlossen sind.

Hier drin bekommt der Wein schön viel Luft ab.

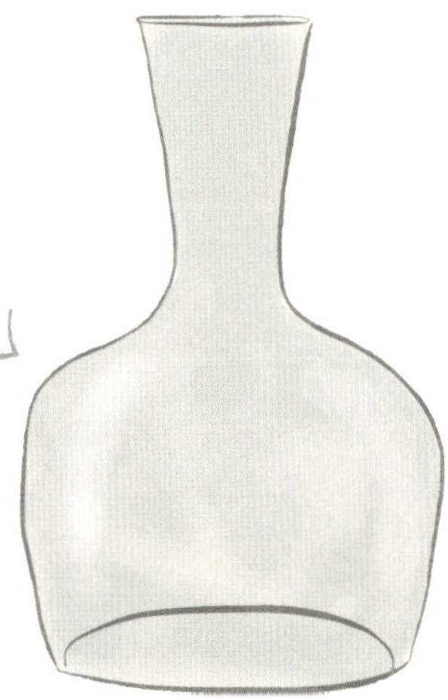

Zum Karaffieren oder Dekantieren können Sie auch eine Vase, eine Wasserkaraffe oder Aschenputtels Glasschuh nehmen.

VERSCHLÜSSE, FLASCHENFORMEN

Verschlüsse

In der Alten Welt (Europa, Mittelmeerraum, Naher Osten, Nordafrika) ist das Thema der Flaschenverschlüsse heiß umstritten und viel diskutiert, während es in der Neuen Welt (USA, Südamerika, Südafrika, Australien, Neuseeland) keinen Menschen interessiert. Das hat in erster Linie mit Tradition zu tun.

In der Alten Welt wird seit mehr als siebentausend Jahren Wein produziert. Der Korkverschluss für Weinflaschen, wie wir ihn heute kennen, kam erst Ende des 18. Jahrhunderts auf. Wobei sein Ursprung bis ins antike Griechenland zurückgeht. Bereits damals wurden einfache Korkpropfen als Flaschenverschluss verwendet. In der Neuen Welt wird erst seit Mitte des 16. Jahrhunderts Wein produziert, wodurch die Tradition einen geringeren Stellenwert hat.

Welcher Verschluss ist nun besser? Dazu werden immer wieder neue Studien publiziert, die abwechselnd die Vorzüge beziehungsweise Nachteile von Drehverschluss oder Korken belegen.

Folgende vier Punkte lassen sich ins Feld führen:

1. Wir lieben das romantische Ploppgeräusch des Korkens beim Flaschenöffnen.

2. Wir schätzen aber auch das einfache Öffnen eines Drehverschlusses. Bei diesem entfällt zudem der Druck, einen möglichen Korkfehler herausschmecken zu müssen. (Der TCB-Korkgeruch [siehe Seite 44] kann allerdings trotzdem aufkommen.)

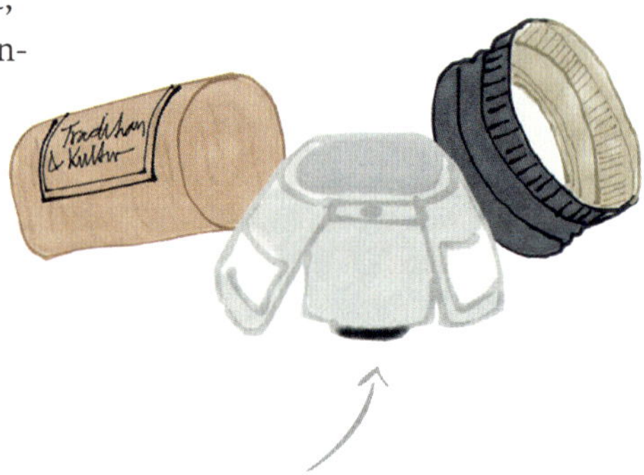

Schaumwein

Gut zu wissen:
Ungeöffnete Weine mit Korken liegend lagern: Der Korken bleibt dicht, solange ihn der Wein feucht hält. Wenn die Flasche steht, trocknet der Korken aus, wird porös, lässt zu viel Sauerstoff hinein, und der Wein wird zu Essig.

3. Etwa 99 Prozent aller heute auf dem Markt erhältlichen Weine kann man sofort oder innerhalb eines Jahres genießen. Da spielt der Verschluss keine Rolle.

4. Das verbleibende eine Prozent jener Weine, die über ein Lagerpotenzial von fünf bis über fünfzig Jahre verfügen, benötigt eine langsame und stetige geringe Luftzufuhr, um sich voll entfalten zu können. Dies wird durch den Sauerstoff im Korken und den im Wein gelösten Sauerstoff gewährleistet. Mittlerweile gibt es aber auch schon Drehverschlüsse, die dank eines speziellen Produktionsverfahrens ebenfalls eine langsame und geringe Luftzufuhr gewähren. Ob allerdings eine Flaschenreifung über fünfzig Jahre mit einem solchen Drehverschluss genauso schön gelingt wie mit Korken, müsste erst noch bewiesen werden.

Flaschen

Sich mit trockener Materie zu befassen, ist in etwa so inspirierend wie eine Möbel-Bauanleitung. Da jedoch immer wieder die Frage danach auftaucht, hier einige Hinweise zu den drei gängigsten Flaschenformen:

1. Elsässerform (Schlegel, Flöte)

Früher wurden Weine aus dem Elsass auf kleinen Schiffen auf dem Rhein transportiert. Dank dieser schlanken Flaschenform konnte man mehr Flaschen laden und transportieren.

Elsässerform

2. Burgunderform

Die Burgunderform ist die älteste Flaschenform. Es ist die für eine Glasbläserei am einfachsten herzustellende Form.

3. Bordeauxform

Rote Bordeauxweine sind Assemblagen (Verschnitte aus zwei oder mehreren Rebsorten) mit Cabernet Sauvignon, Cabernet Franc, Merlot, Petit Verdot und Malbec, also von Traubensorten mit dickeren Schalen, die kräftige Tannine abgeben. Die breiten Schultern der Flasche sorgen dafür, dass beim Karaffieren gereifter Weine die Sedimente dort hängen bleiben. Wobei dies natürlich ein gewisses Talent beim Einschenken voraussetzt.

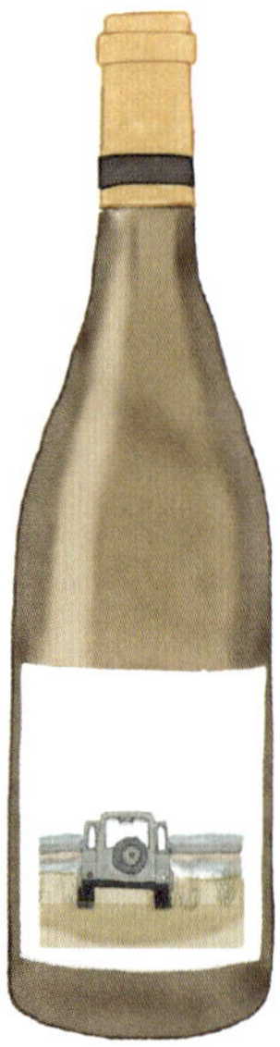

BURGUNDERFORM

BORDEAUXFORM

FOOD AND WINE PAIRING

Nun kommen wir zum schönsten Teil dieses Buches: Essen und Trinken. Sie teilen bestimmt meine Meinung, dass es nicht viel Schöneres gibt, als ein gutes Essen gemeinsam mit einem guten Wein zu genießen. Da meine Kocherfahrung bei Fischstäbchen anfängt und da auch gleich zu Ende ist, fasziniert mich das Handwerk kreativer Köche erst recht. Den passenden Wein zu ihren Kunstwerken auf dem Teller zu finden, ist eine wahre Freude. Es gibt unzählige Regeln für das richtige Food and Wine Pairing, die alle durchaus sinnvoll sind, aber insgesamt eher überfordern können. Deshalb beschränken wir uns auf die wichtigsten Anhaltspunkte und runden sie mit ein paar konkreten Vorschlägen ab.

Vom Gericht ausgehend

- Weißes Fleisch – Weißwein. Rotes Fleisch – Rotwein.
- Leichte Sauce – leichter Wein. Schwere Sauce – schwerer Wein.
- Intensiv schmeckende Gerichte – intensive Weine.
- Scharfe Gerichte – liebliche Weißweine mit wenig Alkohol. Sonst brennt der ganze Mund.
- Fettige Gerichte – körperreiche, tanninbetonte Rotweine.
- Schokolade – Portwein, Madeira. Der Wein muss süßer als die Schokolade sein, sonst trocknet der Mund aus.

Vom Wein ausgehend

- Wein mit hoher Säure benötigt Säure im Essen (sonst wirkt das Essen flach).
- Wein mit einer Restsüße benötigt Süße im Essen (sonst wirkt das Essen bitter).
- Salz intensiviert nicht nur das Essen, sondern auch den Wein.
- Essen und Wein aus der gleichen Region gehören zusammen wie Jay-Z und Beyoncé.

Lieblingsessen

Um Ihnen die Umsetzung zu erleichtern, hier ein paar ganz einfache konkrete Vorschläge zu Food and Wine Pairings.

Maultaschen: leichter, sanfter Rotwein, zum Beispiel Trollinger

Weißes Fleisch: milder, runder Weißwein, zum Beispiel Chardonnay

Sushi: wuchtiger, ausdrucksstarker Weißwein, zum Beispiel Riesling Kabinett mit leichter Restsüße

Rotes Fleisch: kräftiger, wuchtiger Rotwein, zum Beispiel Malbec oder ein Bordeaux

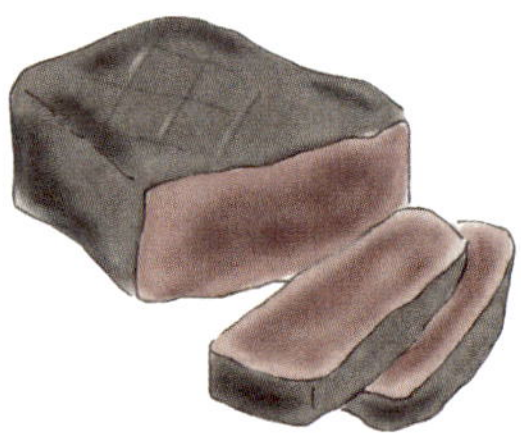

Wiener Schnitzel: milder, runder Weißwein, zum Beispiel Grüner Veltliner

Spaghetti, Pizza: runder, weicher Rotwein, zum Beispiel Merlot

Wurst: Bier – machen wir uns nichts vor!

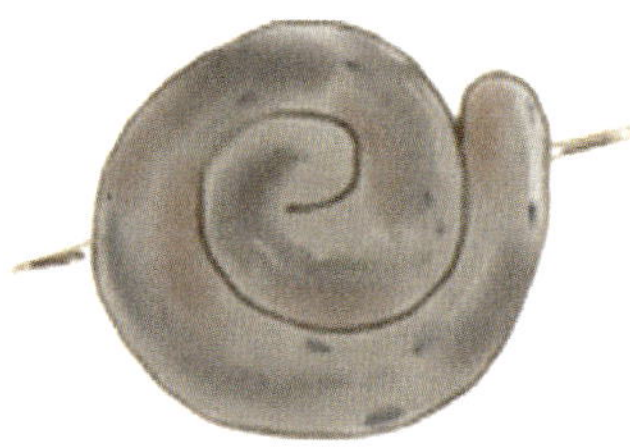

Fisch, gebraten oder gegrillt: milder, runder Weißwein, zum Beispiel Weißburgunder

Meeresfrüchte: knackiger, frischer Weißwein, zum Beispiel Muscadet

Fisch, pochiert: knackiger, frischer Weißwein, zum Beispiel Sauvignon Blanc

Vegetarische Gerichte: milder, runder Weißwein, zum Beispiel Garnacha Blanca

Mexikanische Küche: leichter, herber Rotwein, zum Beispiel Chianti

Asiatische Küche: üppiger, voller Weißwein, zum Beispiel Moscato d'Asti, leicht restsüßer Riesling

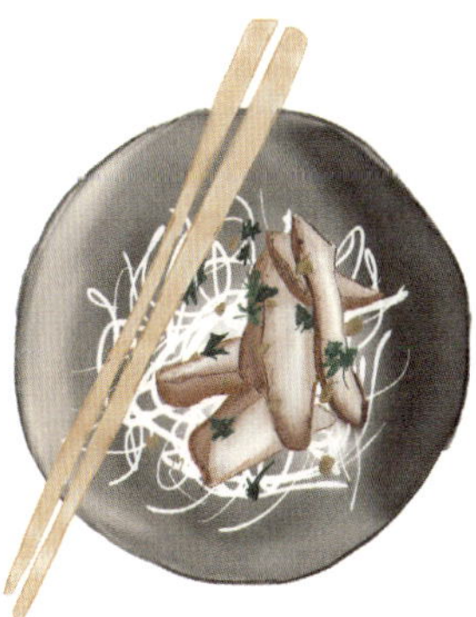

Und nicht vergessen: Regeln darf man brechen, solange niemandem übel wird.

KÄSE

Mein absolutes Käse-Wein-Lieblings-Pairing ist Fondue und Pinot Noir. Im Winter vergeht bei mir keine Woche ohne diese rundum wohltuende Kombination.

Für alle, die nicht wöchentlich flüssigen Käse zu Wein genießen, hier die grundlegendsten Pairings.

Hartkäse: Rotweine wie Merlot oder Spätburgunder

Ziegenkäse: Weißweine wie Sauvignon Blanc oder Riesling

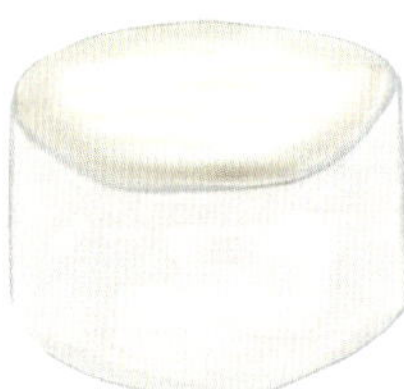

Weichkäse: Sekt oder Champagner

Schimmelkäse: Süßweine wie Sauternes, Portwein, Eiswein oder Trockenbeerenauslese

RUND UM DEN WEINGENUSS

Wein verbindet Menschen wie kaum ein anderes Genussmittel. Denn eine Flasche Wein wird – im Normalfall – geteilt. Den richtigen Wein für eine Trinkrunde zu wählen oder zu verschenken, braucht manchmal etwas Mut, da man sich keine Blöße geben will. Dabei kann ich Sie beruhigen: Die Mehrheit der Bevölkerung hat keine große Ahnung von Wein, sondern tut nur so.

Nun: Welcher Wein passt für welche Gelegenheit, und wie berechnet man die benötigte Weinmenge? Wie lässt sich ein Kater bewältigen? Und welches sind die besten Tipps, um Weinflecken zu entfernen? Hier die Antworten.

WELCHER WEIN ZU WELCHEM ANLASS

Aperitif (Apéro):
Hier wäre zum Beispiel ein Sauvignon Blanc angebracht. Knackig und frisch, weckt er nach einem langen Arbeitstag die Lebensgeister.

Geschenk für den Chef, Abendessen bei den Schwiegereltern oder andere schweißtreibende Veranstaltungen:
Auf keinen Fall einen Bordeaux oder Burgunder mitbringen (sie provozieren nur Fragen, die Sie nicht beantworten können, und die Blamage ist unausweichlich). Am besten geht man auf Nummer sicher und verschenkt einen Brunello di Montalcino. Es handelt sich um einen renommierten Wein, der immer aus hundert Prozent Sangiovese-Trauben besteht und somit einfach zu erklären ist. Ganz entspannt also.

GESCHENK
Brunello di Montalcino

APERITIF
Sauvignon Blanc

Feier

Cava (spanischer Schaumwein)

Feier eines neuen Lebensabschnitts:
Zur Feier eines Hauskaufs, einer Hochzeit, eines Vertragsabschlusses oder eines sonstigen Anlasses, der Ihr Leben auf einen Schlag in eine neue Richtung führt, empfiehlt sich der spanische Schaumwein namens Cava. Er sollte trocken, nicht süß sein. Da Cava gleich wie Champagner hergestellt wird, aber weniger kostet, ist der Einsatz auch dann zu verschmerzen, falls es mit einer der oben genannten Verpflichtungen nicht klappen sollte.

Date:
Hier empfiehlt sich ein Ripasso oder Amarone, deren höherer Alkoholgehalt sofort Hemmungen abbaut …

Date

Ripasso, Amarone

Familienfest

Tempranillo

Familienfest:
Ein Tempranillo ist fruchtig, nicht allzu schwer und mehrheitsfähig. Immerhin wird der Wein nicht für anstrengende Diskussionen sorgen.

Mitbringsel zur Party:
Wein oder Sekt (so werden im deutschsprachigen Raum die Schaumweine genannt) aus der Gegend, wo sie wohnen, oder der nächstliegenden Weinregion wirkt persönlich, und Sie haben etwas zu erzählen.

Party

Ein Wein aus der Region

Mengen berechnen

Aperitif

- Wein: 150 ml (1,5 dl) pro Person pro Stunde
  Für einen Aperitif von 1 Stunde: 1 Flasche für 5 Personen (Reserve: 2 Flaschen)
- Wasser: 150 ml (1,5 dl) pro Person pro Stunde

► Zauberformel gegen Kater: Immer gleich viel Wasser wie Wein trinken.

Abendessen

Um den ganzen Abend abzudecken, gelten folgende Mengen:

- Wein für trinkfreudige Fußgänger: 750 ml (7,5 dl) pro Person (5–6 Gläser)
- Wein für Fußgänger, die am nächsten Morgen um 6 Uhr wieder aufstehen müssen: 350 ml (3,5 dl) pro Person (2–3 Gläser)
- Wasser: 1 l pro Person

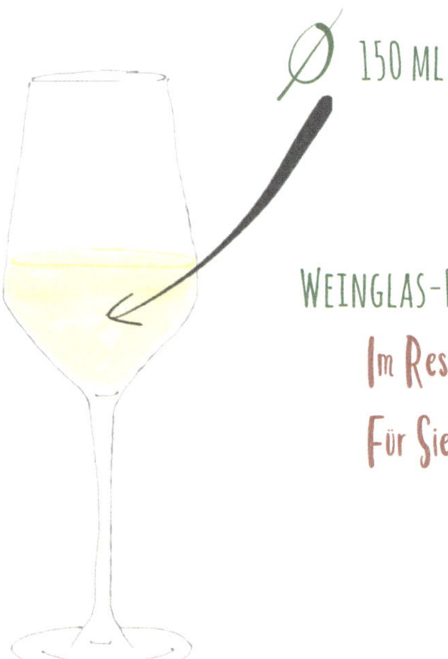

Weinglas-Füllmenge

Im Restaurant erhält man meistens 100–200 ml

Für Sie oder Ihre Gäste empfehle ich 150 ml (1,5 dl)

WEINFLECKEN ENTFERNEN

Frische Flecken sind viel einfacher zu entfernen als eingetrocknete. Daher heißt es immer, schnell handeln.

Meine Tipps:

Kohlensäurehaltiges Mineralwasser

1. Den Flecken sofort mit einem weißen Handtuch von außen trocken tupfen, nicht verreiben.
2. Den Flecken mit ganz viel kohlensäurehaltigem Wasser (je mehr Kohlensäure desto besser) abtupfen.
3. An der Luft trocknen lassen.
4. Dann ab in die Wäsche.

Salz

1. Den Flecken bis über den Rand hinaus mit einem kleinen Berg Salz überdecken. Das Salz zieht die Feuchtigkeit aus dem Stoff hoch.
2. Das Salz auf dem Flecken eintrocknen lassen.
3. Das Salz entfernen.
4. Ab in die Wäsche.

Glasreiniger bei eingetrockneten Flecken

1. Den Flecken mit farblosem Glasreiniger besprühen.
2. Den Flecken gründlich ausreiben.
3. Trocknen lassen.
4. Ab in die Wäsche.

LAGERFÄHIGE WEINE

99 Prozent aller Weine, die Sie im Regal Ihres Weinhändlers finden, sind sofort oder innerhalb eines Jahres trinkreif.

Falls Sie einen der auf der folgenden Seite aufgeführten Weine kaufen, ist es vorteilhaft, auf den Jahrgang zu achten. Denn diese Weine brauchen, grob gesagt, mindestens fünf Jahre, bis sie ihr volles Potenzial entfalten können. Es handelt sich um Weine, die intensivere Tannine und eine gute Säure aufweisen. Oft haben sie 13 Volumenprozent Alkohol oder mehr und zeichnen sich durch einen eher kräftigen Körper aus. Ich nenne diese Weine nach ihren Anfangsbuchstaben liebevoll die B-Weine.

WEINKELLER FÜR HARTGESOTTENE

- *Barolo:* ab 15 bis 20 Jahre +
- *Barbaresco:* ab 15 bis 20 Jahre +
- *Bordeaux:* ab 20 bis 25 Jahre +
- *Brunello:* ab 15 bis 25 Jahre +
- *Burgund:* ab 12 bis 15 Jahre +
- Auch Weine aus den Gebieten *Rioja* und *Ribera del Duero* (beide 20 Jahre oder mehr) sowie *Napa Valley* (12 bis 25 Jahre oder mehr) verfügen über ein großes Reifepotenzial. (Schade, beginnen die Namen dieser Anbaugebiete nicht auch mit B.)

Dabei ist allerdings anzumerken, dass nur Spitzenweine der besten Jahrgänge von Top-Produzenten mit herausragendem Terroir das versteckte Talent der jahrzehntelangen Lagerfähigkeit besitzen. Mit der Zeit integrieren sich die Tannine und die Säure in den Wein. Die Weine wirken schließlich insgesamt runder und geschmeidiger, zugleich aber mit komplexen erdigen, würzigen, teilweise animalischen Aromen.

Auch Weißweine kann man lagern: Gereifte Weißweine gewinnen an Komplexität. Zum Beispiel entwickelt Chardonnay nussige Aromen und Rieslinge feine Petrolnoten (im positiven Sinn).

- *Chardonnay* aus dem Burgund
- *Grüner Veltliner*
- Säurebetonte *Rieslinge* (vor allem die lieblicheren Rieslinge)
- *Süßweine*

Gut zu wissen:
Für Investoren: Nicht alle lagerfähigen Weine gewinnen mit den Jahren an Wert. Der Jahrgang ist ausschlaggebend. Bitten Sie Ihren Fachhändler um Rat.

Falls kein Weinkeller vorhanden ist, tut es ein dunkler, kühler Ort auch. Vermeiden Sie Licht, Wärme und große Temperaturunterschiede.

KATERBEWÄLTIGUNG

Man schlägt vorsichtig die Augen auf. Das Tageslicht schmerzt wie höllische Pfeilspitzen, der Kopf brummt, und der Mund fühlt sich an, als wäre ein Sandsturm hindurchgefegt. Der Fall ist klar: Grenze wieder mal überschritten. Schönen guten Morgen, Kater!

Schuld am Kater ist nicht der Alkohol, sondern allein der Trinkende. Es gibt allerdings Menschen, die empfindlicher auf Alkohol reagieren, und solche, die sozusagen Fässer ohne Boden sind. Es kann also sein, dass der eine oder die andere stärker auf gewisse Inhaltsstoffe im Wein, zum Beispiel auf den natürlichen Eiweißstoff Histamin (vor allem im Rotwein vorhanden), reagiert.

Was aber bewirkt eine übermäßige Alkoholaufnahme im Körper? Sie entzieht ihm Wasser. Die ausgetrocknete Leber sucht sich andernorts im Körper Flüssigkeit, wo immer es nur geht. Vor allem im Gehirn, was letztlich zu den pochenden Kopfschmerzen führt.

Hier die Rettung:

- Hektoliterweise Wasser.
- Mineralien:
  Calcium: unterstützt die Verdauung.
  Magnesium: bekämpft Müdigkeit.
  Vitamine: helfen der Psyche wieder auf die Beine.
  Zink: steuert kognitive Prozesse und verhilft zu klarem Denken.
- Gemüsebouillon: füllt die Mineralienspeicher.
- Heißes Wasser mit frischem Ingwer und Zitrone: kurbelt den Stoffwechsel an und entgiftet.

Übrigens:
Nur der Stimmung, nicht dem Körper, helfen das oft empfohlene »Konterbier« und fettreiches Essen.

Aber: Nützt es nichts, so schadet es auch nicht.

DEGU

Genug gelabert,
jetzt wird getrunken!

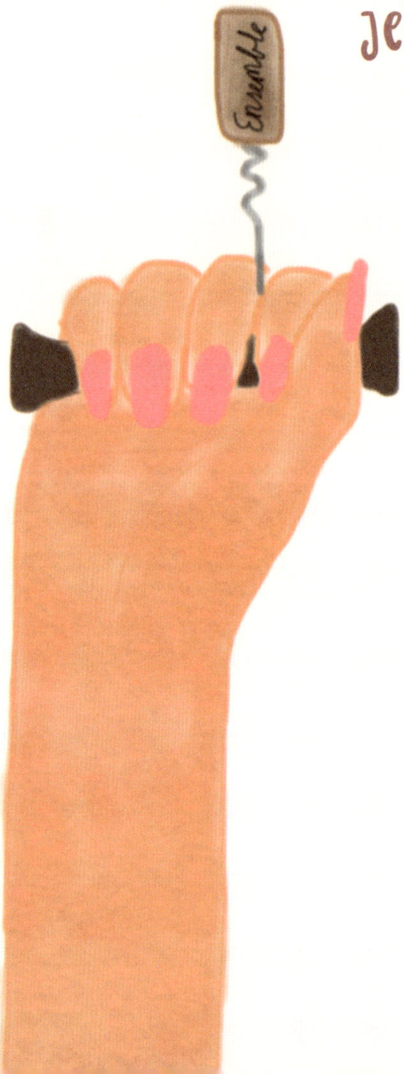

STIEREN

»Gerade letzte Woche hatte ich einen Rotwein. Der war Spitze! Keine Ahnung, weshalb mir der so schmeckte, aber er war großartig.« Kommt Ihnen diese Art Aussage bekannt vor? Wissen Sie, welche Weine Ihnen heute gefallen und welche nicht? Beschränkt sich Ihre Weinkompetenz in etwa darauf? Ich kann Sie beruhigen, Sie sind damit nicht allein.

In diesem Kapitel finden Sie heraus, weshalb Sie gewisse Weine bevorzugen oder wieso Sie einfach alles mögen.

Und noch ein kleiner Tipp vorweg: Egal ob zuhause oder im Restaurant, nehmen Sie sich bei den ersten paar Schlucken Wein ein, zwei Minuten Zeit und fokussieren Sie sich auf das, was in Ihrem Glas ist. Fokussieren. Degustieren. Registrieren. So finden Sie zu Ihrem Weinstil.

DAS AUGE

Sobald der Wein im Glas ist, zeigt er Ihnen an, was als Nächstes zu tun ist (außer weiterzutrinken). Neigt man das Glas zu einer weißen Unterlage hin, sieht man am besten, was im Glas abgeht. Wer sein Glas in die Luft hält und von unten hineinschaut, entblößt damit nur seine Ahnungslosigkeit. Was gibt es da oben zu sehen?

Allein von der Optik her ist es allerdings unmöglich, die Qualität eines Weines zu bestimmen. Wie bei uns Menschen auch.

Gut zu wissen:
Je länger der weiße Traubensaft (das Fruchtfleisch) mit den Traubenschalen in Kontakt ist, desto mehr Farbe bekommt er. So wie auch das Wasser immer dunkler wird, je länger man den Teebeutel drin lässt. Helle Farbe bedeutet nicht unbedingt leichter Wein mit wenig Alkohol. Lassen Sie sich nicht täuschen! Weine können hinterhältig sein.

- Glänzt der Wein wie die Fenster nach dem Frühjahrsputz? Top, Sie können weitertrinken.
- Schwimmen Sedimente im Wein? Keine Panik, dies tut weder dem Wein noch Ihnen weh. Dekantieren ist angesagt (siehe Seite 20).
- Setzen sich kleine Kristalle auf dem Glasboden ab? Das ist Weinstein (Kaliumnitrat). Dieser entsteht zum Beispiel dann, wenn sich bei niedrigen Lagertemperaturen Mineralien mit der Weinsäure verbinden. Weinstein hat keinerlei Auswirkung auf den Geschmack des Weins.
- Wirkt der Wein leicht trüb? Möglicherweise wollte der Kellermeister dies mit Absicht so. Er hat auf die Filtration verzichtet, um dem Wein nichts wegzunehmen. Die Trübung hat keine Auswirkung auf die Qualität.

Viele vermeintliche Weinkenner behaupten, dass sogenannte Kirchenfenster (Schlieren, Tränen), die sich beim Schwenken des Glases zeigen, für Qualität stehen. Humbug! Bei diesem Phänomen handelt es sich um Alkohol, der beim Schwenken des Weinglases verdunstet, und/oder Zucker im Wein.

DAS TRÄNENMEER IM GLAS:

ENGE BÖGEN

ALKOHOL +

Tränen, die eng beieinander hinabfließen, oder spitzbogige Kirchenfenster bedeuten: viel Alkohol. Falls auf der Etikette doch ein tieferer Alkoholgehalt steht, können Sie davon ausgehen, dass der Wein eine hohe Restsüße (Zucker) hat. Die Tränen wirken dickflüssig wie Honig oder Sirup.

WEITE BÖGEN

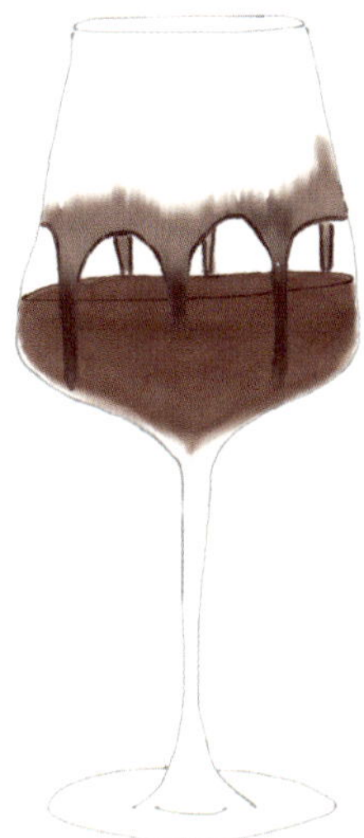

ALKOHOL -

Tränen, die in weiterem Abstand voneinander hinabfließen, oder rundere, breitere Kirchenfenster bedeuten: weniger Alkohol, mehr Zucker.

Tieferes Alkoholvolumen: 5–10 %
Moderates Alkoholvolumen: 11–13,5 %
Höheres Alkoholvolumen: 14–16 %

Schon 0,5 %, mehr oder weniger Alkohol macht einen großen und spürbaren Unterschied.

DIE NASE

Geruchsempfindungen

Aromatik wirkt:

zurückhaltend
Sie riechen gar nichts.

präsent
Sie riechen irgendetwas.

aufdringlich (ausdrucksvoll)
Sie riechen einen vollgestopften botanischen Garten.

FLORAL
eher bei Weißweinen

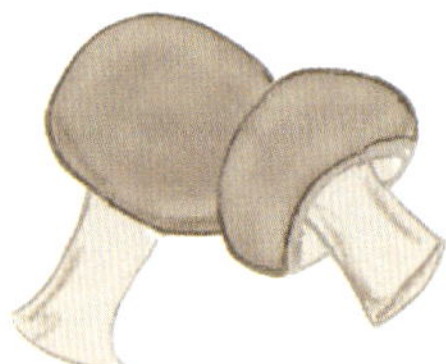

ERDIG
eher bei Rotweinen

PFLANZLICH

FRUCHTIG

WÜRZIG

AUSBAUAROMEN
Vom Eichenfass,
von der Reifung
vom biologischen Säureabbau

Der in der Nase wahrgenommene Geruch des Weins trägt sehr viel zum Gesamteindruck bei. Es gibt Menschen, die mehr mit der Nase wahrnehmen, und solche, die die Aromen besser im Gaumen schmecken. Das ist sehr individuell. Die Nase ist im Degustationsprozess vor allem wichtig, um Fehlernoten zu erkennen. Für Anfänger ist dies jedoch gar nicht so einfach. Deswegen werden wir uns intensiv mit diesem Thema auseinandersetzen.

Wichtig zu wissen: Ein Wein riecht oft anders, als er schmeckt, da man mit der Nase nur Aromen und eventuell den Alkohol wahrnehmen kann. Im Gaumen kommen beim Rotwein noch die Säure, die Süße und die Tannine hinzu. Sie verleihen dem Wein zusätzliche Struktur. Was den Geruch anbelangt, entdeckt man meistens Aromen der folgenden Kategorien:
fruchtig – floral – pflanzlich – würzig – erdig – Ausbauaromen

Schummelaromen

Wenn Sie nicht genau wissen, was Sie riechen und schmecken (sollten), empfehle ich Ihnen diese Beschreibungen. Niemand weiß genau, wie diese Aromen im Wein schmecken. Sie werden kopfnickende Anerkennung erhalten.

Im Weisswein

Stachelbeere

Veilchen

Im Rotwein

Blätter von Schwarzen Johannisbeeren

Holzteer

FEHLERNOTEN

Fehlernoten im Wein zu erkennen, gehört zu den schwierigsten Aufgaben beim Degustieren. Außerdem gibt es Menschen, die empfindlicher auf Geschmacksfehler reagieren als andere. Einige bemerken einen Fehler erst, wenn die halbe Flasche ausgetrunken ist. Die Kompetenz, Weinfehler zu entdecken, hängt somit von folgenden Faktoren ab:

- Empfindliche und ausgeprägte Geruchsnerven
- Erfahrung
- Aufmerksamkeit und Konzentration

Hier die häufigsten Fehler, die in Weiß- und Rotweinen vorkommen können, und ihr typischer Geruch:

	Korken	**Oxidation**	**Flüchtige Säure (Essigstich)**	**Schwefel (Böckser)**
Geruch	Schimmel Nasser Karton Feuchter Keller	Miefig Petrol (erinnert an Sherry)	Essigstich Essigsäure Flach Herb	Stechender Geruch Knoblauch Faule Eier
Entstehung	Der Korkgeschmack stammt von einer chemischen Substanz mit dem unmöglichen Namen 2,4,6-Trichloranisol (TCA). Sie entsteht durch das Zusammenwirken von Pflanzenphenolen, Chlor und Schimmelpilzen und ist so stark, dass sie selbst in winzigen Mengen muffige Geschmacksnoten verursachen kann.	Durch starke Sauerstoffzufuhr in die Flasche kann der Wein oxidieren. Gewisse Phenole verbinden sich mit Sauerstoff, das Ethanol wird zersetzt und in Acetaldehyd umgewandelt. Dadurch flachen die Aromen des Weins ab und werden durch nussige, sherryähnliche Noten ersetzt. Wie ein angeschnittener Apfel an der Luft kann sich der Wein ebenfalls orangebräunlich färben.	Flüchtige Säure ist ein Sammelbegriff für alle im Wein vorhandenen Säuren. Wenn das Bakterium Acetobacter mit Hilfe von Sauerstoff Zucker und Alkohol umwandelt, kann während der Gärung Essigsäure entstehen. Sie dient als wichtiger Aromaträger für den Wein. Sobald sie aber ein gewisses Maß überschreitet, nimmt man die Säure als stechend und störend wahr.	Schwefelnoten können bei frisch abgefüllten Weinen auftauchen, sollten aber nach ein paar Minuten an der Luft verfliegen. Schlimmer ist es, wenn der Wein einen sozusagen »anfurzt« (Böckser). Diese Fehlernote entsteht durch unsauberes Arbeiten während der Weinproduktion, zu starkes Schwefeln oder zu wenig Sauerstoffzufuhr.

Gut zu wissen:
Riechen Sie nicht am Korken, um festzustellen, ob der Wein einen Fehler hat. Riechen Sie am Wein. Sie trinken ja den Wein und nicht den Korken.

DER GAUMEN

Halleluja, wir haben's geschafft! Endlich sind wir beim Geschmack angekommen.

Eines vorweg: Ich halte nicht sehr viel von ausgeklügelten Aromenbeschreibungen. Ob man in einem Riesling nun Aprikose oder Pfirsich schmeckt, ist mir völlig egal. Und ich sehe auch keinen Grund, weshalb man zwischen Aromen von Grapefruitsaft und Grapefruitschalen unterscheiden müsste. Was bringt es mir oder meiner Begleitperson, wenn ich Stachelbeere aus einem Sauvignon Blanc herausriechen kann? Sicher keinen Nobelpreis. Und wohl auch kein anerkennendes Schulterklopfen des eher genervten Kellners.

Aromawahrnehmungen sind extrem persönlich

Dieser Carmenère erinnert Sie an einen Schokoriegel? Fabelhaft. Sie finden, jener Sangiovese rieche nach Pesto? So sei es. Sie lieben Moscato d'Asti, weil er Sie an Ihr wunderbares Honig-Gesichtspeeling erinnert? Völlig Ihnen überlassen.

Zur Freude am Wein gehören genau diese Komplexität und Vielschichtigkeit. Durch die unendlich vielen Geschmacksnoten und die vielen unterschiedlichen Strukturen gleicht kein Wein dem anderen. Und jede und jeder schmeckt, riecht und hört etwas anderes im Wein.

Körper

Wenn man vom Körper eines Weines spricht, meint man im Grunde dasselbe wie beim Menschen: voll, flach, rund, schmeichelnd usw.

Folgende Substanzen geben dem Wein Körper.

Alkohol

Im Gaumen nehmen Sie Alkohol als Hitze wahr. Wenn Sie anfangen zu schwitzen, haben Sie es mit einem sehr alkoholstarken Wein zu tun. Viel Erfolg damit!

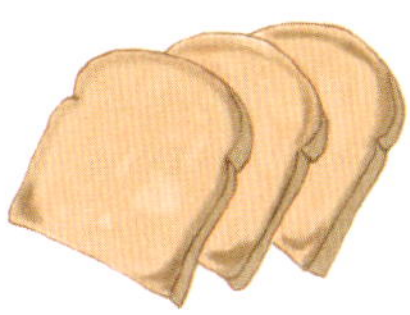

Tannine

Grobe Tannine (Gerbstoffe), die vor allem in Rotweinen bemerkbar sind, hinterlassen einen ausgetrockneten Mund. Als hätten Sie haufenweise Zwieback gegessen. Tannine integrieren sich erst mit der Zeit in den Wein.

Säure

Säure regt den Speichelfluss an. Wenn Sie also zu sabbern beginnen, genießen Sie gerade einen eher säurebetonten Wein. Wenn die Säure fehlt, wirkt der Wein flach.

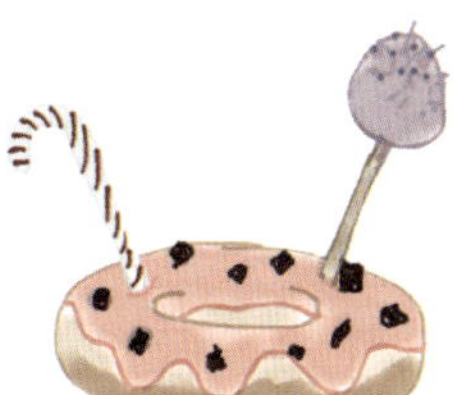

Zucker

Im Wein nimmt man Zucker so wahr wie »Baileys« im Kaffee oder Honig im Tee. Der Wein wirkt dadurch ein wenig voller und schwerer.

ZUCKER: EXKURS

Zuckerbarometer für Stillweine

Bei perfekten Gärbedingungen (ca. 15 °C) vermehrt sich Hefe kontinuierlich und frisst den Zucker im Most auf. So entsteht Wein mit ca. 0,7 g/l Restzuckergehalt. Die Hefe stellt ihre Aktivität auch ein, wenn der Alkoholgehalt 15 Prozent erreicht hat oder wenn die Fermentation durch Kühlung, Schwefelzusatz, Alkohol oder Filtration unterbrochen wird, um absichtlich Zucker im Wein zu belassen.
Im Durchschnitt weist ein Wein einen Restzuckergehalt von 4 g/l auf. Dies ist aber kaum bemerkbar. Normalsterbliche Weingenießer bemerken Zucker im Wein erst bei ca. 25 g/l.

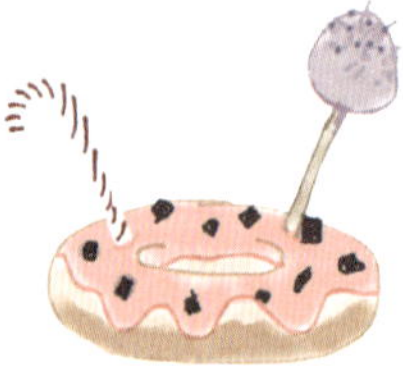

mind. 45 g/l **Süss**
z.B. Riesling Auslese

12-45g/l **Lieblich**
z.B. Moscato d'Asti

DIE MEISTEN WEINE, DIE WIR TRINKEN, BEFINDEN SICH HIER

4-12 g/l **Halbtrocken**
z.B. Gewürztraminer (kann auch trocken produziert werden)

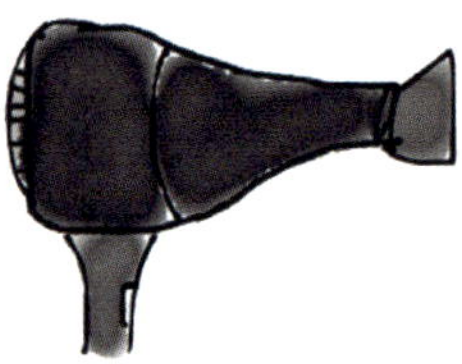

0-4 g/l **Trocken**
z.B. Sauvignon Blanc

SÜSSWEINE

Flüssiges Gold

Die folgenden Weine weisen einen Restzuckergehalt von mindestens 45 g/l oder mehr auf und sind somit süß:

Sauternes, Barsac

Süße Weißweine (Sauvignon Blanc, Sémillon, Muscadelle) aus von Edelfäulnis befallenen Trauben in der Region Sauternes und Barsac in Bordeaux, Frankreich.

Port

Aufgespriteter, süßer Rotwein aus dem Dourotal, Portugal (ursprünglich aus der Hafenstadt Porto). Typischerweise süß, kann aber auch trocken hergestellt werden.

Tokaji

Süßer Weißwein aus von Edelfäulnis befallenen Trauben in der Region Tokaj, Ungarn. Kann auch trocken hergestellt werden.

Eiswein

Süße Weißweine aus gefrorenen Trauben in Österreich und Deutschland. Wird auch in Neuseeland, Kanada und anderen Regionen produziert.

Sherry mit der Kennzeichnung »Medium/Cream/Pale Cream«

Aufgesüßter Likör aus Andalusien, Spanien.

Riesling mit der Kennzeichnung »Spätlese/Auslese/Beeren-auslese/Trockenbeerenauslese«

Süßer Weißwein entweder aus überreifen und/oder von Edelfäulnis befallenenen Trauben.

Spätlese: Süße Weißweine aus vollreifem Traubengut
Auslese: Süße Weißweine aus vollreifem, oft edelfaulem und selektivem Traubengut
Beerenauslese: Süße Weißweine aus voll- oder überreifen oder vont Edelfäulnis befallenen Trauben
Trockenbeerenauslese: Süße Weißweine aus 100% von Edelfäulnis befallenen Trauben

WEINSTILE ODER WEINCHARAKTERE

Wie schon erwähnt, geht es mir nicht darum, dass Sie nach der Lektüre dieses Buches Dill- und Anisaromen aus einem Wein herausschmecken können (wer will diese Aromen überhaupt im Wein haben?!). Viel wichtiger ist, dass Sie lernen, verschiedene Weinstile, also den grundlegenden Charakter eines Weins, zu erkennen.

In etwa so:
»Ah, Gewürztraminer: Wuchtig, ausdrucksstark, eventuell leicht süß. Perfekt für meine Sushi-Orgie heute Abend.«

Natürlich gibt es unendlich viele Arten von Weinstilen, denn jeder einzelne Wein hat seine eigene Struktur, und es gibt fast mehr Ausnahmen als Regeln – was eben genau zur allgemeinen Überforderung beiträgt.

Doch irgendwo müssen wir anfangen. So habe ich mir die Freiheit genommen, die Weißweine und Rotweine je vier Strukturtypen zuzuordnen. Diese acht Strukturtypen sollen als Gedankenstütze dienen und nicht als unverrückbare Lehrmeinung gelten.

Die Weißweinstruktur besteht aus drei Säulen: Alkohol, Säure und Zucker.

Die Rotweinstruktur besteht aus vier Säulen: Alkohol, Säure, Zucker und Tannine. Tannine sind Gerbstoffe, die von der Traubenschale und den Kernen stammen. Ein Weißwein kann nur dann Tannine enthalten, wenn der Saft länger mit der Schale Kontakt hatte, und wird dann Orange Wine genannt.

Mit diesen Säulen verhält es sich so wie beim Musik-Equalizer:
Je höher die Säule, desto intensiver der Eindruck und umgekehrt.

Wie man diese Elemente im Wein riecht/schmeckt bzw. wahrnimmt

DIE ACHT WEINSTILTYPEN

WEISSWEIN

MILD, RUND
zum Beispiel Chardonnay

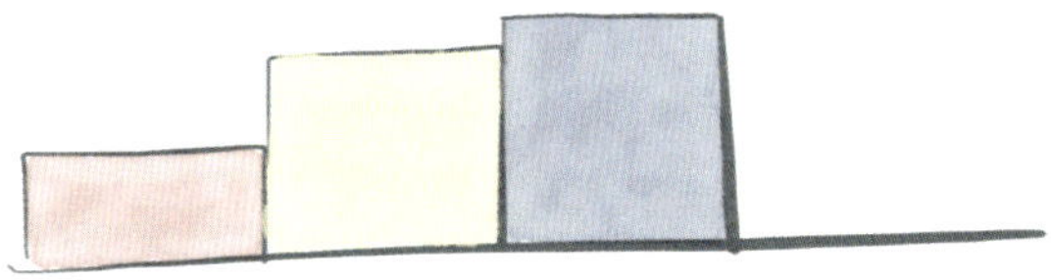

Sehr ausgewogen

KNACKIG, FRISCH
zum Beispiel Sauvignon Blanc

Präsentere Säure

WUCHTIG, AUSDRUCKSSTARK
zum Beispiel Gewürztraminer

Säurebetont, sehr aromatisch

ÜPPIG, VOLL
zum Beispiel Moscato d'Asti

Bemerkbare Restsüße

ROTWEIN

LEICHT, HERB
zum Beispiel Pinot Noir

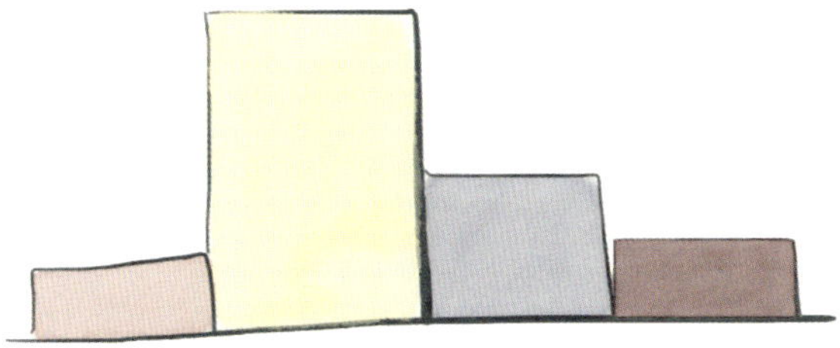

Präsentere Säure

RUND, WEICH
zum Beispiel Merlot

Sehr ausgewogen

KRÄFTIG, GEHALTVOLL
zum Beispiel Cabernet Sauvignon

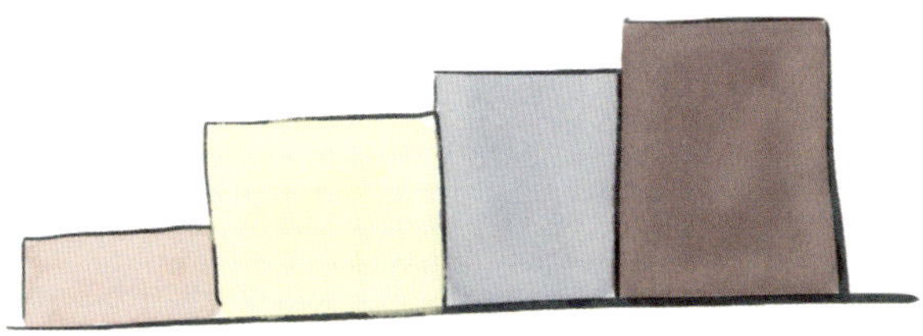

Kräftigere Tannine

VOLUMINÖS, OPULENT
zum Beispiel Amarone

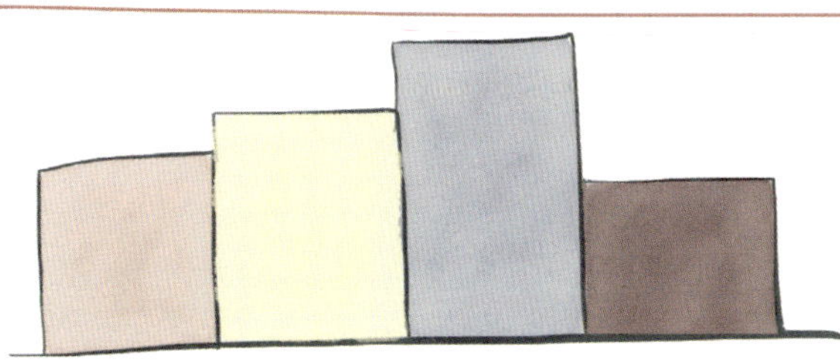

Extraktreich, bemerkbare Restsüße

AROMAKREUZ

»Magst du eher fruchtige oder trockene Weine?« Wurde Ihnen diese Frage auch schon gestellt? Und wussten Sie, was Sie darauf antworten sollen? Überhaupt nicht schlimm, wenn Sie Ihr Gegenüber nur verwirrt oder überfordert angeschaut haben. Denn so oft diese Frage gestellt wird, so falsch ist sie. Trocken und fruchtig sind keine Gegensätze. Sie schließen einander nicht aus, denn auch fruchtige Weine können trocken sein und umgekehrt.

Deshalb habe ich das Aromakreuz erfunden, das die Gegensätze auf ganz einfache Art aufzeigt.

Grob gesagt sind die Gegensätze die folgenden:

In Bezug auf Zucker:

- Liebliche versus trockene Weine

In Bezug auf Frucht:

- Fruchtige versus mineralische Weißweine
- Fruchtige versus erdige Rotweine

Dazu können noch folgende Gegensätze hinzukommen, die aber der Einfachheit halber im Aromakreuz weggelassen wurden.

In Bezug auf Säure:

- Säurearme versus säurebetonte Weine

In Bezug auf Tannine:

- Tanninarme (eher weiche) versus tanninreiche (eher kräftige) Weine

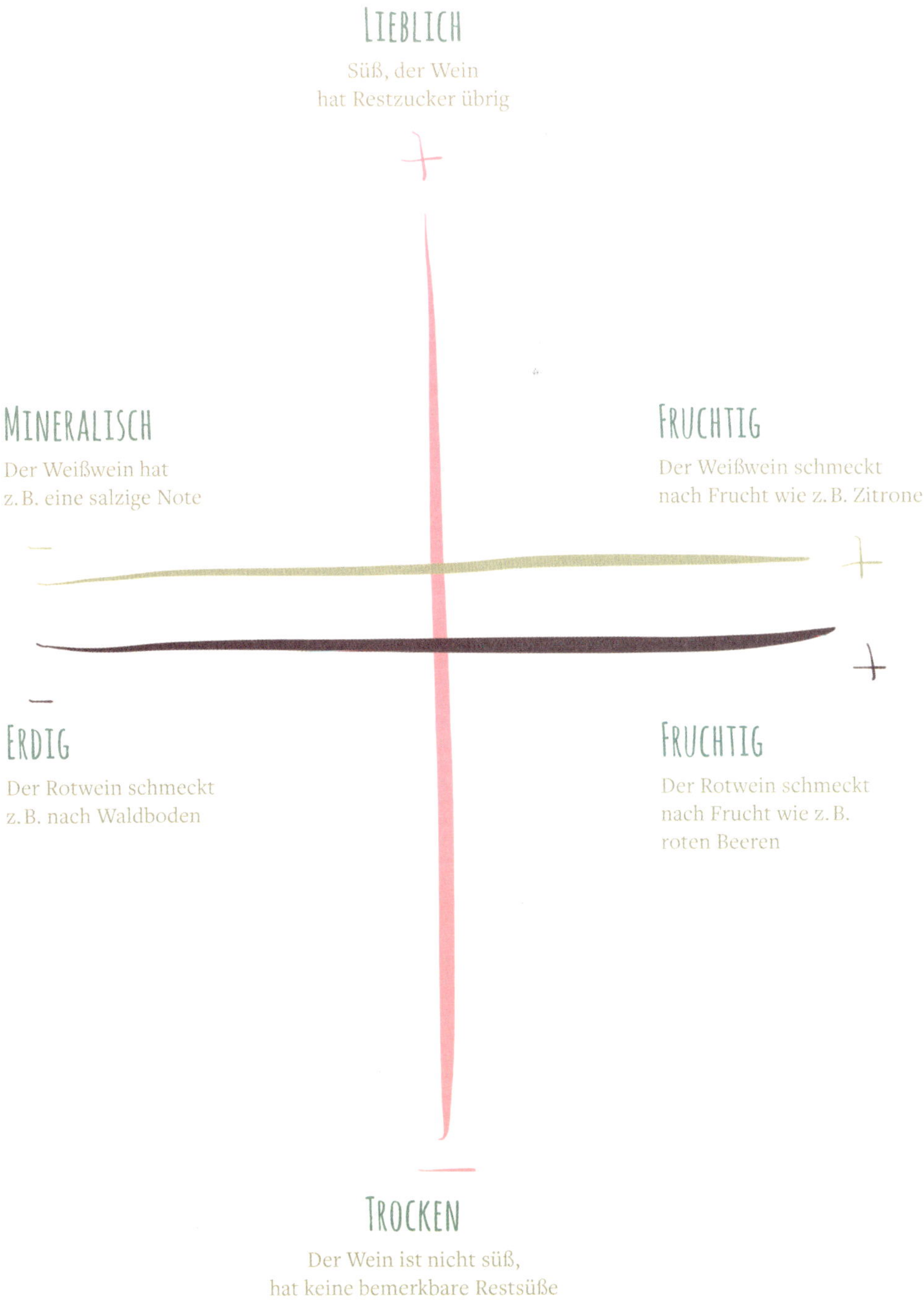
Lieblich
Süß, der Wein hat Restzucker übrig
+
Mineralisch
Der Weißwein hat z. B. eine salzige Note
Fruchtig
Der Weißwein schmeckt nach Frucht wie z. B. Zitrone
–
+
+
–
Erdig
Der Rotwein schmeckt z. B. nach Waldboden
Fruchtig
Der Rotwein schmeckt nach Frucht wie z. B. roten Beeren
–
Trocken
Der Wein ist nicht süß, hat keine bemerkbare Restsüße

AROMAENTSTEHUNG

In meinen Weinkursen werde ich oft gefragt, woher die Aromen im Wein stammen. Etwa so: »Wie wird die Lakritze dem Petite Syrah hinzugefügt?« »Von welchem Tier stammt das Leder in diesem Nero d'Avola?«

Nur kurz vorweg: Die Aromen im Wein entstehen durch verschiedene biologische und chemische Reaktionen, die so unsexy klingen, dass sie einem schlagartig die Lust am Wein verderben. Daher lassen wir das Biologie- und Chemiestudium mal beiseite und konzentrieren uns auf die wesentlichen Faktoren:

1. Primäre Aromen

Sie können nicht in den Rebberg gehen, eine Weißburgundertraube pflücken, reinbeißen und erwarten, dass sich in Ihrem Mund die Aromen von Geißblatt, Orangenblüte und Pink-Lady-Apfel breit machen. Die Traube hat lediglich die Aromavorstufen dazu in sich. Die Aromen kommen jedoch erst während der Weinherstellung zum Vorschein.

Dabei unterscheidet man folgende Grundaromen:

- Fruchtig, wie zum Beispiel Apfel
- Floral, wie zum Beispiel Holunderblüte
- Würzig, wie zum Beispiel Lakritz
- Pflanzlich, wie zum Beispiel Basilikum
- Erdig, wie zum Beispiel Champignon

Von der individuellen Traubensorte

2. Sekundäre Aromen

Alle, die mit Wein zu tun haben, sind sich einig: Die Qualität des Weins hängt vom Rebbau ab, nicht vom Ausbau (der Produktion) im Keller. Wenn das Terroir (siehe Seite 64) ungeeignet ist, der Boden krank, die Rebstöcke zu eng gepflanzt und zu stark mit Trauben beladen sind und wenn nicht rechtzeitig geschnitten oder geerntet wird, kann man sich die Arbeit im Keller gleich an den Hut stecken.

Aromen vom Rebberg

- Vom Terroir an und für sich (Bodenbeschaffenheit, Klima, Höhenlage; mehr dazu später, Seite 64).

Der wichtigste Faktor ist hier der Traubenextrakt: Je besser der Ertrag pro Rebstock angepasst ist (abhängig von der Rebsorte und dem Alter der Rebe) und die Reben ausreichend Zugang zum Grundwasser haben, desto extraktreicher werden die Trauben. Die Zusammensetzung dieses Extrakts entscheidet über die Farbe, das Aroma und vor allem die Qualität des Weins.

- Jahresabhängige klimatische Einflüsse:
Warmes/heißes Jahr: Der Zuckergehalt in den Trauben steigt. Dies führt meist zu reifen, voluminöseren Weinen.
Kühles/kaltes Jahr: Die Säure bleibt relativ präsent und sorgt

Von Anbau und Ausbau

für viel Frische. Für die Weinqualität ist es am schlimmsten, wenn vor allem die Kerne nicht komplett ausreifen können. Unreife Trauben kann man nicht retten. Im Wein ergeben sie grüne, sogar holzige Aromen, als würde man in einen Apfelstängel beißen.

Aromen vom Ausbau im Keller

Bei der Arbeit im Weinkeller kann der Kellermeister Einfluss auf die Aromen nehmen:

- Fermentation:
  Der Kellermeister bestimmt, wie viel Alkohol (dieser verleiht dem Wein »Körper«, das heißt Fülle) entstehen und wie viel Zucker im Wein verbleiben soll. Es können auch Hefearomen entstehen (Geschmack von Brioche, Butter usw.). Indem der Kellermeister gar nicht eingreift, kann er den Wein auch spontan fermentieren lassen (Naturwein).
- Ausbau:
  Der Ausbau im Edelstahltank lässt die Fruchtnoten des Weins erstrahlen und beeinflusst ihn nicht. Durch den Ausbau im Holzfass kann der Wein Aromen vom Holz (Vanille, Zimt, Schokolade usw.) übernehmen.

Das Holzfass erlaubt eine minimale und langsame Sauerstoffzufuhr, die den Wein weicher und geschmeidiger werden lässt. Gewisse Weine werden dadurch auch geschmacklich besser. Zusätzlich können die Innenwände der Fässer über einem Feuer getoastet (geröstet) werden. So entwickeln die Weine zusätzliche Aromen wie Vanille, Nelken, Butter, Zimt oder Kaffee. (Mehr zum Fassausbau siehe Seite 134.)

Wenn kein Holzeinfluss im Wein erwünscht ist, der Wein aber dennoch atmen soll, kann das Beton-Ei oder die Amphore als Reifungsbehälter zum Einsatz kommen. Dadurch gelangen kleinste Sauerstoffmengen in den Wein. Das Beton-Ei liegt in der Wirkung des Sauerstoffeinflusses zwischen Edelstahltank und Fass.

Gut zu wissen:
Jahrgang des Weins = das Jahr, in dem die Trauben geerntet wurden.

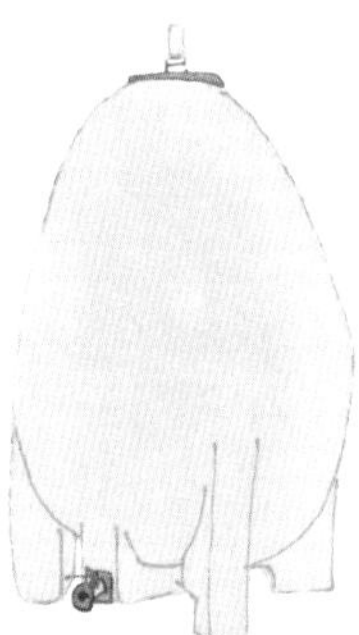

3. Tertiäre Aromen

Wein wird besser mit dem Alter. Wie wir auch. Das meinen wir auf jeden Fall. Zeit im Fass und Zeit in der Flasche lassen im Wein Aromen entstehen, die sonst nicht möglich wären. Zudem kann sich der Wein über die Zeit hinweg entfalten. Die Tannine integrieren sich in den Wein und werden sanfter.

- Flaschenreifung:
  Die Aromen, die gewisse Weine während der langen sauerstoffarmen Flaschenreifung entwickeln, gehören zu den exquisitesten und komplexesten, die der Weingenuss zu bieten hat. Die groben Tannine integrieren sich sanft im Wein, die zu Beginn noch präsente Säure nimmt ab, die Fruchtaromen werden komplexer und entwickeln sich hin zu Aromen von reifer Frucht, Trockenobst und Gewürznoten.

Es gibt einen Grund, weshalb das Trinken gereifter Weine oft romantisiert wird. Denn nur wenige Flaschen profitieren tatsächlich von einer langen Lagerung: Nur etwa ein Prozent aller Weine weltweit hat ein Reifungspotenzial von über fünf Jahren. Die meisten Weine, die heute unter rund 30 Euro/Franken verkauft werden, sind sofort trink-reif. Weine über 30 Euro/Franken kann man gut bis zu fünf Jahre reifen lassen. Dies nur als ganz allgemeine Faustregel, von der es natürlich immer wieder Ausnahmen gibt.

Von der Lagerung bzw. Reifung in der Flasche

DER GESAMTEINDRUCK

Zum Abschluss einer Weinverkostung wird oft der Gesamteindruck bewertet. Im Alltag tun wir dies vor allem dann, wenn wir zuhause oder im Restaurant den ersten Schluck eines Weines probieren. Wie wirkt der Wein auf mich? Ganz einfach gesagt, gibt es da zwei Tendenzen:

- Guter Gesamteindruck: Der Wein schmeckt mir. Er verleiht mir die gleichen Glücksgefühle wie seinerzeit in der Schule bei einer verschobenen Prüfung.
- Schlechter Gesamteindruck: Der Wein schmeckt mir nicht. Ich will diesen Wein nie mehr wiedersehen.

Hier die wichtigsten Faktoren für eine kurze und knappe Beurteilung:

- Qualitätsgrad:
  Ist der Wein fehlerhaft oder sauber? Und mit »sauber« ist nicht ein blitzblank geputzter Wein gemeint, sondern ein fehlerfreier.
- Trinkreife:
  Ist er zu jung, also noch etwas verhalten? – Sie hatten wieder mal keine Geduld. Also: Karaffieren. Ist er zu alt? – Worauf haben Sie denn gewartet? Dekantieren.

- Gesamtbeurteilung:
  Positiver Eindruck: Es ist ein extraktreicher Wein: »körperreich, vollmundig«. Es ist ein ausgewogener Wein: die Struktursäulen (siehe Seite 51) sind alle auf einer Höhe.
  Negativer Eindruck: Es ist ein extraktarmer Wein: »dünn, flach«.

- Abgang:
  Beim Abgang geht es nicht darum, wie würdevoll Sie eine trinkfreudige Weinrunde verlassen, sondern wie lange und intensiv der Geschmack des Weins nach dem Herunterschlucken im Gaumen anhält. Ist der Abgang schnell, abrupt und flach, kann dies das Weinerlebnis negativ beeinflussen. Ist der Abgang lang anhaltend, trägt dies enorm zur Weinqualität bei und macht ganz einfach Freude.

Süffige Weine haben einen eher kurzen Abgang. Diese Weine machen in einer lockeren Apéro-Runde Spaß, rächen sich jedoch am nächsten Morgen (siehe Seite 36, Katerbewältigung).

Hier noch meine besten Sprüche für eine solide Angeberei, denn klare Botschaften kommen immer gut an:

»Die Nase ist noch etwas verschlossen,
offenbart aber schon eine großartige Konzentration.
Muss noch ein wenig atmen.«

»Genau so habe ich mir diesen Wein vorgestellt.«

»Beachtlich! Trotz präsenter Säure
ein beispiellos ausgewogener Wein.«

»Wie wunderbar sich die Tannine hier integriert haben.«

»Endlich ein Wein, der das Terroir
nahezu perfekt widerspiegelt.«

»Ein expressiver Wein. Er wird hervorragend reifen.«

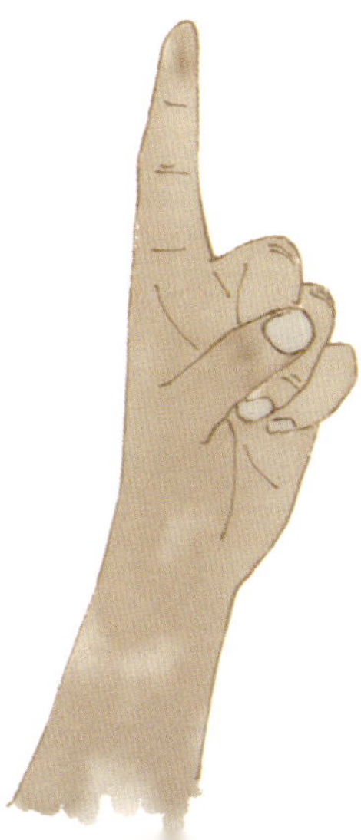

»Noch ein wenig zu jung,
macht aber jetzt schon Spaß.«

»Zwar nicht so komplex, aber auf jeden Fall mehrheitsfähig.«

WEIN

ANBAU

Ich erinnere mich, wie mich meine Mentorin Lindsey zum ersten Mal auf einem Jeep-Golf-Buggy über Stock und Stein durch die Rebberge in Santa Ynez, Kalifornien, führte. Die Erde war trocken, Risse in den Böden. Es wehte ein lauwarmer Wind, Sand überall. Kakteen! Ich stellte mir zwei Fragen: »Wieso willst du in einer Wüste arbeiten und nicht am Strand? Und wie um alles in der Welt können hier Reben wachsen?«

Dank meiner forschen Mentorin lernte ich schnell, dass ich erstens nichts wusste und es sich zweitens um ein einzigartiges Terroir handelte.

Es ist mir ein Vergnügen, Ihnen in diesem Kapitel den Weinanbau, Terroir inbegriffen, näherzubringen.

TERROIR

Terroir

Kein Wort wird in der großen weiten Weinwelt mit mehr Ehrfurcht ausgesprochen als »Terroir«. Ohne Terroir kein Wein. Ohne Wein keine Lebensfreude. Ergo ist Terroir Lebensfreude.

Terroir ist ein komplexes Thema, das bei vielen etwas Unbehagen oder gar leichte Panik auslöst, etwa so wie eine lange Schlange vor der Sicherheitskontrolle am Flughafen. Doch im Prinzip ist es ganz einfach: Es handelt sich um Merkmale des jeweiligen Ortes, um einen sozusagen lokalen Geschmack, der sich im Wein ausdrückt.

Der Wein weist also Geschmacksmerkmale auf, die durch die Eigenschaften des Rebbergs oder der Region beeinflusst werden. Ähnlich wie wir Menschen, denn auch wir sind von unserer Umgebung geprägt. So wie bei mir die Tendenz, mich in großen Gruppen wohlzufühlen, weil ich in einer lebhaften, lauten Familie aufgewachsen bin.

Diese lokalen Eigenschaften setzen sich folgendermaßen zusammen:

- Klima: Das Klima bestimmt, ob eine Rebsorte an einem bestimmten Ort erfolgreich wachsen kann.

- Terrain und Boden: Vorausgesetzt das Klima ist geeignet, sind die Strukturen der Topografie (Landoberfläche) und vor allem die Bodenzusammensetzung für den daraus entstehenden Weincharakter und die Qualität entscheidend. Deshalb kann man Reben nicht einfach im Park nebenan pflanzen.

Boden

- Mensch: In der Frage, wie viel Einfluss der Winzer oder die Winzerin auf das Terroir hat, scheiden sich die Geister. Grundsätzlich ist das Konzept des Terroirs einfacher zu erklären, wenn man die Weinherstellung ausschließt. Um es in den Worten von Jeffrey Grosset, Gründer des Weinguts Grosset im Clare Valley, Australien, zu sagen: »Ich sehe Winemaking nicht als Teil des Terroirs. Vielmehr ist es so, dass schlechte Weinherstellung den Ausdruck des Terroirs stören kann und gute Weinherstellung einen reinen Ausdruck des Terroirs zulässt.«

In der Hoffnung und dem Vertrauen, dass er sich so wenig wie möglich in das Terroir einmischt, wollen wir hier den Einfluss des Winemakers außer Acht lassen und uns in erster Linie mit Klima, Terrain und Boden befassen.

Klima

Terrain

Klima

Das durchschnittliche Klima in einem Rebberg bestimmt darüber, welche Trauben dort gedeihen können. Das Klima bestimmt die gesamte Vegetationszeit der Rebe: von der Blüte bis zum Reifezeitpunkt.

Da das Klima für ganze Ernteausfälle verantwortlich sein kann, erklärt es zum Teil auch die hohen Preise einiger Weine. Wie zum Beispiel Weine aus dem Burgund oder der Champagne, die von erstklassigen Bodenbeschaffenheiten profitieren, öfter aber auch mit schwierigen klimatischen Bedingungen konfrontiert sind.

Wie das Klima die Rebe beeinflusst:

- Sonne: Wie der Mensch gedeihen auch Trauben besser an der Sonne. Je wärmer das Wetter, desto mehr Zucker und Aromen produziert die Traube. Sie reift voll aus, was zu einem konzentrierten Wein führt. Zu viel Sonne kann aber auch zu sehr alkoholstarken Weinen führen. Im schlimmsten Fall stellt die Traube ihre Funktionen schlichtweg ein und wird nicht einmal reif.

Wärme

reift die Trauben,
sorgt für Zucker in den Trauben,
sorgt für höheres
Alkoholvolumen

- Wolken: Je kühler das Wetter, desto mehr Säure verbleibt in der Traube und desto knackiger und frischer wird der Wein schlussendlich. Trauben können nämlich auch bei Wolken und warmen Temperaturen reifen. Um ein gutes Resultat zu erhalten, müssen Zucker und Säure ausbalanciert sein.
- Wind: Wind bekämpft Frost, der für Ernteeinbußen verantwortlich ist, und verhindert nach dem Regen die Fäulnis der Trauben. Der Wind hat einen austrocknenden Effekt, so wie etwa der Föhn die Haare trocknet.

Terrain

Das Terrain hat für den Rebbau den gleichen Stellenwert wie das Mantra »Location, Location, Location« für den Immobilienmakler. Die Lage ist zentral.

Stellen Sie sich vor, Sie kaufen Ihr Traumhaus. Sie ändern ein bisschen etwas an der Raumaufteilung und renovieren es. Es ist perfekt, und Sie ziehen ein. Dass es sich in einer Fluglärmzone befindet, ist Ihnen entgangen. Das richtige Haus, am falschen Ort.

Das Gleiche gilt für den Rebberg. Der Winzer kann das Erziehungssystem der Reben ändern, düngen, Bäume und Büsche für mehr Biodiversität pflanzen und, überspitzt gesagt, sogar Wärmepilze installieren. Wenn die Parzelle aber in einem Kessel liegt, der an 365 Tagen im Jahr von Nebel bedeckt ist, können auch die größten Anstrengungen nichts ausrichten.

Wie das Terrain die Rebe beeinflusst

- Höhenlage: Rebberge in hohen Lagen profitieren von heißen Tagen (Zuckerbildung) und kühlen Nächten (Säurebildung), was sich positiv auf die Reifung der Trauben auswirkt.
  Weil kalte Luft schwerer ist als warme Luft, setzt sie sich in Gebieten mit geringer Höhe ab. Wegen der damit einhergehenden Feuchte können Krankheiten wie Schimmel auf den Trauben entstehen. In höheren Lagen sind die Trauben davor geschützt.

- Geländeform: Hänge begünstigen den Wasserablauf, während in flachen Lagen stehendes Wasser im Boden die Nährstoffaufnahme des Wurzelsystems der Rebe begrenzt.

- Himmelsrichtung: Günstig sind in trockenen, wärmeren Gegenden Südost- bis Osthänge (die Rebe benötigt weniger Sonne), in eher regnerischen, kühleren Gegenden Süd- bis Südwesthänge (die Rebe benötigt hier mehr Sonne).

- Gewässer: Durch ihr Temperaturspeichervermögen (Wasser kühlt sich langsamer ab als Luft) strahlen Gewässer Wärme ab; diese steigt als Warmluft den Berg hinauf. Das ist vor allem im Winter und Frühling sehr hilfreich, da es den Reifeprozess der Trauben unterstützt und vor Frost schützt.

Da kalte Luft schwerer ist als warme Luft, strömt umgekehrt die Kaltluft in der Nacht und bei kühleren Temperaturen den Weinberg hinunter. Dieser kühlende Effekt ist insbesondere während des Sommers für den Säureerhalt in den Reben wichtig. Am Tag wird dann die Luft wieder vom Gewässer erwärmt, und der ganze Kreislauf beginnt von vorne.

Thermik gleicht Temperaturextreme aus

Kaltluft kühlt Umgebung ab
und gewährleistet
die Säurebildung.

Gewässer wärmt Umgebung auf
(Temperaturspeichervermögen)
und stellt die Reifung der Trauben sicher.

Boden

Wie der Boden die Rebe beeinflusst

Weinexperten sind besessen von Böden. Wie für Kleinkinder im Sandkasten gibt es für sie nichts Faszinierenderes, als sich mit der Erde zu beschäftigen. Nur suchen sie nach etwas anderem. Während Kinder auf der Jagd nach Würmern sind, geht es ihnen um die perfekte Bodenzusammensetzung.

Wenn Klima und Terrain stimmen, sind die Voraussetzungen für einen guten Wein gegeben. Weltweit gibt es viele Orte mit ausreichenden Bedingungen, um einen trinkbaren Wein herzustellen. Eine optimale Bodenzusammensetzung ist aber der Faktor, der die Spreu vom Weizen trennt. Das ist übrigens auch der Hauptgrund dafür, dass einige Weine so teuer sind. Weil es eben wenig Flecken auf dieser Welt gibt, die Böden herausragender Qualität haben.

Ob es einen Zusammenhang zwischen der chemischen Zusammensetzung des Bodens und Weinaromen gibt, darüber wird unter Weinfachleuten so emotional debattiert wie über die Frage, wie man ein Stück Butter richtig anschneidet. Unbestritten ist, dass die physischen Bestandteile des Bodens, die über die Wasserzufuhr zur Rebe bestimmen, die Weinqualität beeinflussen.

Wie setzt sich ein herausragender Boden zusammen?

Die wichtigsten und wertvollsten Merkmale eines geeigneten Bodens sind eine gute Wasserableitung, gute Wasserspeicherung und genügend luftgefüllte Räume im Boden. Dies, weil Wasserstau (Staunässe) für die Reben den Tod bedeutet.

Neben Wasser lieben Reben vor allem Stickstoff (Nitrogen), der die Triebe und Trauben wachsen lässt. Bei zu viel Stickstoff allerdings rasten die Triebe und Blätter völlig aus und wuchern wie wild drauflos. Weitere Mineralstoffe, die Reben mögen, sind Phosphor, Kalium, Schwefel, Magnesium und Kalzium.

Faszination Dreck

Organisches Material

Mineralien und Humus

Ton, Lehm, Sand

Verwitterungsgestein

Festgestein

Wichtigste Ebene
für den Weincharakter

Gute Wasserableitung, genügend Wasserreserve

pH Säure im Boden unterstützt
die Mineralienverfügbarkeit

Optimale Wurzeltiefe: 1 Meter +

Ausreichend Stickstoff für Photosynthese

Der Geschmack von Böden

Boden kann man schmecken.
Ganz rudimentär: Einen Stein vom Boden aufheben. Zunge raus. Abschlecken.

Oder um es etwas professioneller zu formulieren: Weine von verschiedenen Böden (Parzellen) schmecken jeweils anders. Ob ein Gestein, wie zum Beispiel Granit, die Kraft und Energie hat, seine Aromen an die Rebe und schlussendlich an den Wein abzugeben, sei mal dahingestellt. Das Thema ist heikel. Es ist aber tatsächlich so, dass die gleiche Traubensorte, gepflanzt auf zwei unterschiedlichen Böden, zwei verschiedene Weine ergibt. Dies beweist auch das Beispiel Burgund: Lehmböden geben dem Pinot Noir Fülle, während Kalkstein für Struktur sorgt.

Wer es ganz genau wissen will, greift zum Geologiebuch »Stein und Wein«. Die Zusammenhänge zwischen Gesteinsart und Geschmack werden hier folgendermaßen dargestellt:

Gut zu wissen:
Wurzeln von alten Reben (20 Jahre und mehr) können bis zu 20 Meter tief reichen. Ihr Wurzelnetz ist so stark entwickelt, damit sie mehr Mineralien aufnehmen können. Weine von alten Reben fühlen sich im Gaumen oft geschmeidiger an und weisen eine spürbare Tiefe und Vielschichtigkeit (Komplexität) auf.

Der Steinverein

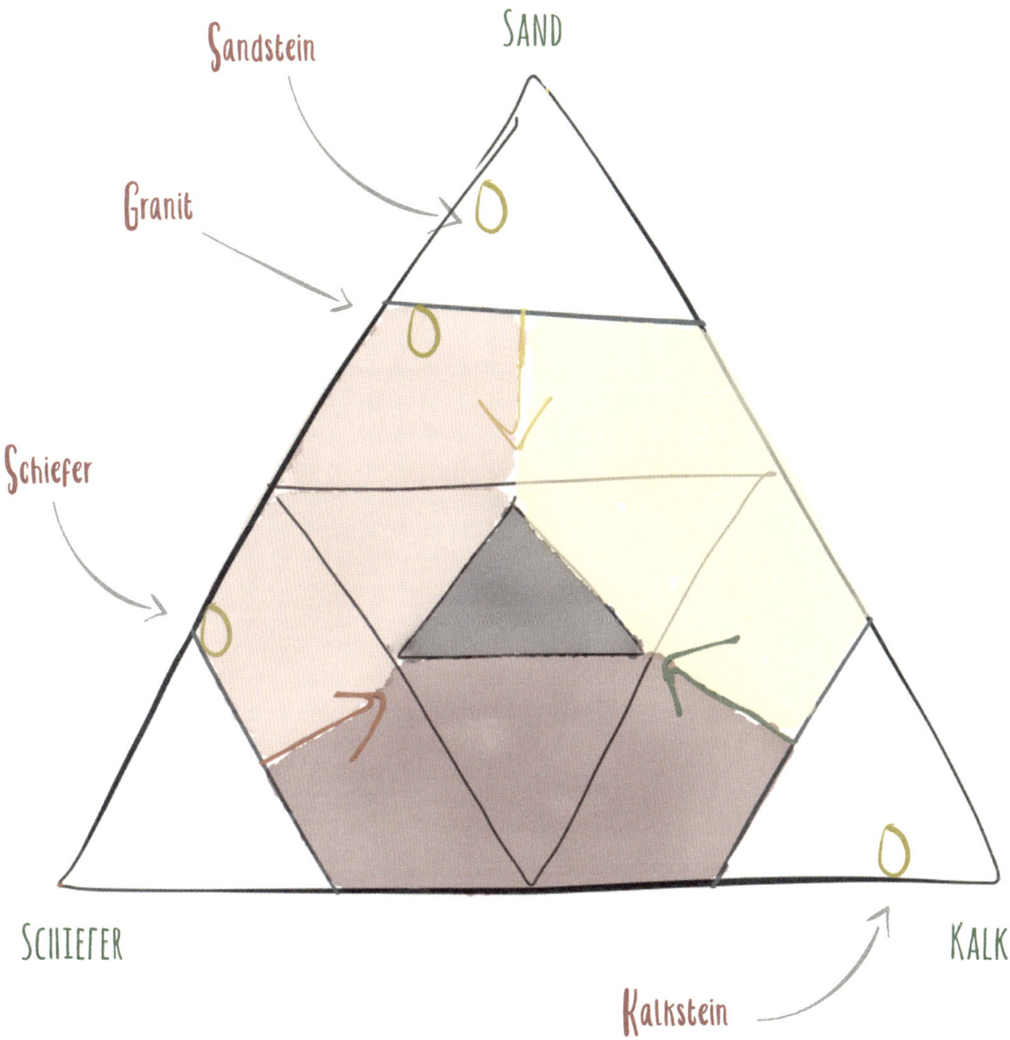

Der Geschmack der Gesteine

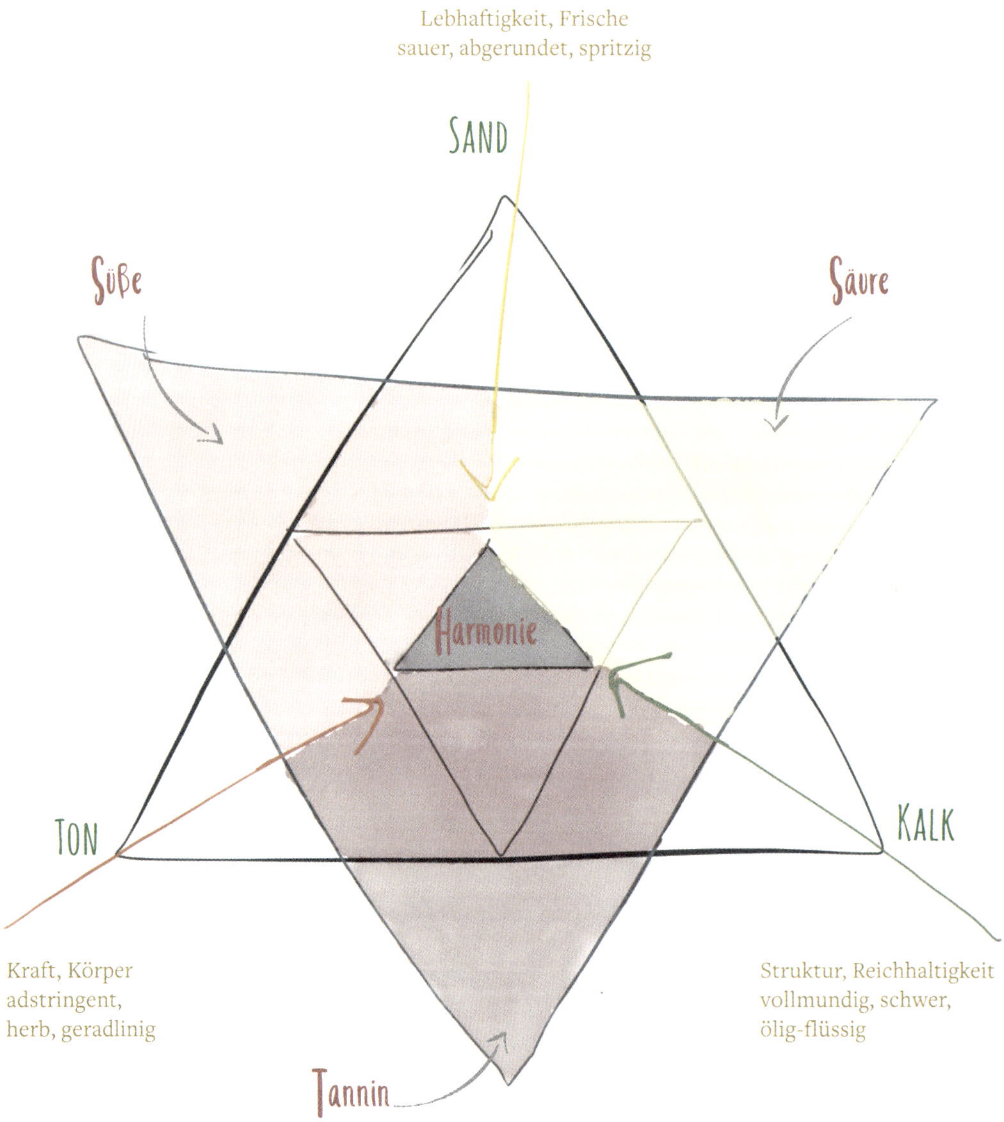

GRAFIT

Was ist mit der Aromenbezeichnung »mineralisch« gemeint?

Als Mineralität wird die geschmackliche Wahrnehmung des im Boden vorhandenen Gesteins durch den Gaumen bezeichnet. Die Wahrnehmung von Mineralität lässt sich nicht genau beschreiben, sie bedeutet für jeden Menschen etwas anderes. Für mich bedeutet es Frische.

Ich benutze die Aromenbezeichnung »Mineralität« oder »mineralisch« zur Beschreibung von Weinen, wenn ich weder Frucht noch Säure noch Tannine, Alkohol, Zucker oder animalische, würzige oder pflanzliche Aromen meine. Mineralität lässt sich als lebhafter Frische-Kick bezeichnen. Etwa so wie ein Mentholbonbon ohne die tränentreibende Schärfe.

JOD

KREIDE

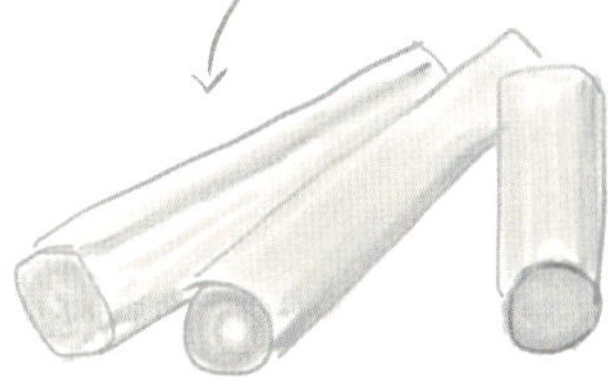

BONBON

NASSER STEIN

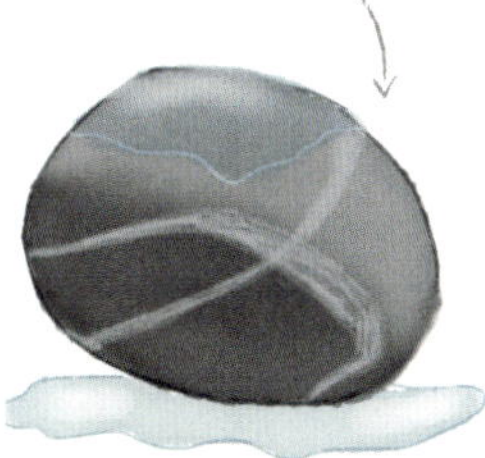

DAS REBENLEBEN

Der zweite wichtige Faktor neben dem Terroir ist die Arbeit des Winzers oder der Winzerin. Ihr äußerst vielfältiges und umfangreiches Tätigkeitsfeld und die Entwicklungsschritte der Rebe werden im folgenden Abschnitt im Sinne der Vereinfachung auf ein absolutes Minimum reduziert. Lassen Sie mich den Lebenszyklus der Rebe mit etwas vergleichen, das uns bestens bekannt ist, unserem eigenen Leben:

1. Haarschnitt

Das Jahr beginnt für die Rebe mit einem »Haarschnitt«. Im Januar oder Februar werden alle Triebe, das sogenannte Altholz, des Vorjahres bis auf einen oder zwei zurückgeschnitten. So wird die Traubenmenge definiert (reduziert), was die Qualität des Weines stark beeinflusst. Weniger ist mehr.

2. Glückstränen

Wenn im März oder April die Tage wärmer werden, beginnen an den Schnittstellen (siehe oben) die Triebe vor Glück zu »weinen«: Saft tritt aus. Das Zeichen für den Beginn des jährlichen Vegetationszyklus. Hier bilden sich später die Knospen. Die biegsamen Triebe werden auf Draht gebunden, sonst würden sie wie Lianen wild wuchern.

3. Tischbombe

Ende April treiben die kleinen Knospen aus den verholzten Trieben. Wenn es sehr warm ist, kann dies explosionsartig geschehen.

4. Wachstumsschub

Etwa im Mai entwickeln die Knospen Rispen (Gescheine), an denen im Juni schließlich kleine weiße Blüten erblühen. Durch Selbstbefruchtung – der Blütenstaub mit den männlichen Pollenkörnern fällt auf die Fruchtknoten mit weiblichen Eizellen – entwickeln sich aus den befruchteten Blüten kleine Beeren, die wie Tiefkühlerbsen aussehen: klein, grün und hart. Nun ist kein Halten mehr, die Triebe wachsen wie wild drauf los.

5. Einschulung

Im Juli werden die Reben »eingeschult«. Die jungen Triebe müssen erzogen werden: Zu diesem Zweck werden sie vom Winzer, der Winzerin in die Schranken gewiesen, damit sie gerade wachsen. Wenn die Triebe zu lang werden, werden sie gekürzt, sodass der Rebstock seine Energie nicht nur für sein Wachstum aufwendet, sondern auch genug Energie in die Trauben steckt. Die Rebe muss sozusagen immer wieder daran erinnert werden, was ihre Hauptaufgabe ist, nämlich Trauben in Topqualität zu liefern, anstatt Grünzeug wie Triebe und Blätter, die man weder keltern noch trinken kann.

Mittlerweile haben die Trauben eine gewisse Größe erreicht. Die ersten Traubengruppen werden nun schon herausgeschnitten, um die Ertragsmenge zu reduzieren: Qualität vor Quantität. Den Trieben wird Konzentration beigebracht.

6. Teenagerphase

Im August beginnen die Trauben zu rebellieren: Sie verändern ihre Farbe, die sogenannte Reifephase setzt ein. Die Weißweinsorten färben sich gelber, die Rotweinsorten blauer. Wie ein Teenager entwickelt sich jede Traube zu ihrer Zeit, abhängig davon, ob sie mehr Sonne oder mehr Schatten abbekommen hat.

7. Abschlussprüfung

Von jetzt an geht es nur noch um die Reifung. Der Zuckergehalt in den Trauben nimmt mit den warmen Tagen zu, die Säure nimmt stetig ab. Die Stunde der Wahrheit, wann genau zu ernten ist, um die Säure zu bewahren und gleichzeitig eine vollkommen ausgereifte Traube mit genug Zucker zu haben, beruht auf der Erfahrung und Entscheidung des Rebbauern. Diese trifft er mit einem Gerät namens Refraktometer: Damit wird anhand des Traubensafts das Mostgewicht (Zuckergehalt) gemessen. Mittels des Mostgewichts lässt sich der potenzielle Alkoholgehalt eruieren. Die Ernte erfolgt meistens in den Monaten September und/oder Oktober.

8. Feierabend

Sobald geerntet ist, fallen die Blätter ab, und die Rebstöcke begeben sich in ihren Winterschlaf. Sie stellen sich praktisch tot, bevor der Stress im neuen Jahr wieder von vorne beginnt.

ABSCHLUSSPRÜFUNG

September

FEIERABEND

Ende Jahr

TRAUBENSORTEN

Weltweit gibt es mehrere Tausend Traubensorten. Das hilft uns bei unserem Anliegen, uns einen Überblick über die Weinwelt zu verschaffen, natürlich überhaupt nicht. Zumal gilt: Je mehr man über Wein weiß, desto mehr realisiert man, dass man eigentlich (noch gar) nichts weiß.

Doch genug der Verunsicherung! Nachfolgend die wichtigsten Traubensorten, gegliedert nach den acht verschiedenen Weinstilen. Dazu werden jeweils die wichtigsten Aromen aufgeführt. Doch keine Sorge, wenn Sie einige Aromen noch nie gerochen haben. Sie sind zum Teil recht weit hergeholt, außerdem heißt die Devise nicht umsonst »Learning by Drinking». Und Ausnahmen gibt es immer.

Damit Sie sich die Traubensorten besser merken können, habe ich ihnen jeweils ein Hauptmerkmal zugeordnet.

WEISSE TRAUBENSORTEN

Mild und rund

CHARDONNAY
Merkmal: abwechslungsreich
Charakter in kühlem Klima: zitrusartig, trocken, mineralisch wie Hellen Mirren im Film »The Queen«
Aromen: Kernobst wie Apfel, Birne
Anbaugebiete: Chablis, Burgund und Champagne (Frankreich), Österreich

Charakter in warmem Klima: üppig, voluminös, reichhaltig wie Beyoncés Haar vor dem Ventilator
Aromen: buttrig, nussig, Honig, Ausbauaromen (Vanille)
Anbaugebiete: Kalifornien, Chile, Hunter Region und Victoria (Australien), Hawke's Bay und Wairarapa (Neuseeland)

CHASSELAS, GUTEDEL
Merkmal: bodenständig
Charakter: ausgewogen, neutral wie ein Schweizer Bürger
Aromen: mineralisch, zitrusartig, nussig, Limette, Zitrone, Grapefruit, Pfirsich, weißer Pfeffer, würzig
Anbaugebiete: Waadtland, Genf (Schweiz), Markgräflerland (Deutschland)

GARNACHA BLANCA
Merkmal: weich
Charakter: samtig, cremig, zugänglich wie Matthew McConaugheys Akzent
Aromen: Grapefruit, Stachelbeeren, Kiwi, Birne
Anbaugebiete: Navarra, Priorat, Tarragona, La Mancha, Aragon (Spanien)

GRAUBURGUNDER, PINOT GRIGIO, PINOT GRIS
Merkmal: schmeichelnd
Charakter: erfrischend, lebhaft, flott wie Otto Waalkes

Grauburgunder
Charakter: saftig, komplex, frisch
Aromen: Zitrusfrucht, Birne, Mandeln
Anbaugebiete: Rheinhessen, Pfalz, Baden, Nahe (Deutschland), Schweiz

Pinot Grigio
Charakter: leicht, spritzig, trocken
Aromen: Zitrusaromen (Zitrone, Limette), Apfel, floral
Anbaugebiete: Veneto, Friaul-Venezia Giulia, Südtirol (Italien)

Pinot Gris
Charakter: reichhaltig, manchmal etwas lieblich
Aromen: Steinfrucht (Pfirsich, Nektarine), Zitrusfrucht, floral (Geißblatt)
Anbaugebiet: Elsass (Frankreich), Wallis (Schweiz)

Knackig und frisch

GRÜNER VELTLINER
Merkmal: keck
Charakter: erfrischend, spritzig, pfeffrig wie Elyas M'Barek in »Mädchen, Mädchen«
Aromen: Limette, Zitrone, Grapefruit, Pfirsich, weißer Pfeffer, würzig
Anbaugebiete: Weinviertel, Wagram, Kremstal, Kamptal (praktisch in ganz Österreich), Tschechische Republik, Slowenien, Ungarn

ARNEIS
Merkmal: fröhlich
Charakter: ästhetisch, keck und mehrheitsfähig wie Schlagerlieder
Aromen: Zitrusfrucht, grüne Früchte (Birne), Steinfrucht (Aprikose), floral (weiße Blüten, Kamille), nussig (Mandeln)
Anbaugebiete: Roero und Langhe in Piemont (Italien)

SAUVIGNON BLANC
Merkmal: erfrischend
Charakter: knackig, frisch, fruchtig wie Thomas Gottschalk bei »Wetten, dass ...?«
Aromen: Zitrusfrucht (Zitrone, Limette)
Anbaugebiete: Sancerre, Pouilly sur Loire, Bordeaux (Frankreich), Schweiz, Österreich, Neuseeland, USA

VERDEJO
Merkmal: aufweckend
Charakter: leicht, delikat und weich wie Enrique Iglesias in »Hero«
Aromen: Zitrusfrucht (Zitrone), pflanzlich (Fenchel, Anis)
Anbaugebiete: Rueda (Spanien)
Weine mit dem Namen »Rueda« bestehen aus mindestens fünfzig Prozent Verdejo, der Rest ist Sauvignon Blanc und Macabeo.

Wuchtig und ausdrucksstark

CHENIN BLANC
Merkmal: hyperaktiv
Charakter: lebhaft, leicht, stolz, kompliziert und in allen Formen, trocken bis süß, vorkommend. Erinnert an die pubertäre Miley Cyrus.
Aromen: grüne Früchte (Birne), exotische Früchte (Passionsfrucht), pflanzlich (Ingwer)
Anbaugebiete: Loire (Frankreich): trocken bis süß; Südafrika: nur trocken
Wird auch für die Schaumweinproduktion verwendet: Crémant de Loire (Loiretal), Crémant de Limoux (Languedoc, Frankreich)

GEWÜRZTRAMINER
Merkmal: aromatisch
Charakter: wuchtig, würzig, tropisch, exotisch und zum Teil lieblich wie Tom Hanks in »Cast Away«
Aromen: tropische Früchte (Lychee, Grapefruit, Mango, Ananas), floral (Rosen), Honig, kandierte Früchte
Anbaugebiete: Baden, Pfalz (Deutschland), Elsass (Frankreich), Österreich, Ungarn, Australien, Südtirol (Italien)

RIESLING
Merkmal: stolz
Charakter: geradlinig, intensiv und stolz wie ein aufrechter Patriot
Aromen: Steinfrucht (Pfirsich), grüne Früchte (Apfel), Zitrusfrucht (Zitrone), mineralisch, Honig
Anbaugebiete: Pfalz, Mosel, Rheinhessen (Deutschland): trocken, feinherb (halbtrocken);
Elsass (Frankreich): trocken
Ausbauarten: Prädikat, Kabinett, Spätlese

VERMENTINO
Merkmal: herzlich
Charakter: belebend, leicht und verspielt wie Forrest Gump
Aromen: Ananas, Grapefruit, nussig (Mandeln), mineralisch
Anbaugebiete: Sardinien, Toskana (Italien)

Üppig und voll

MOSCATO D'ASTI
Merkmal: extrovertiert
Charakter: üppig, verführerisch, floral und ein wenig spritzig wie die Outfits von Madonna
Aromen: Steinfrucht (Pfirsich, Nektarine), Zitrusfrucht (Zitrone), floral (Jasmin, Rose, Orangenblüte), Honig
Anbaugebiet: Asti in Piemont (Italien)

VIOGNIER
Merkmal: aufgeweckt
Charakter: reif, üppig und weich wie Dolly Partons Gesichtszüge
Aromen: Steinfrucht (Pfirsich), tropische Früchte (Melone, Litschi), Zitrusfrucht (Zitrone, Mandarine), floral (Rose, Geißblatt, Akazie)
Anbaugebiete: Rhonetal (Frankreich), USA, Australien

Rote Traubensorten

Leicht und herb

GAMAY

Merkmal: freundlich

Charakter: leicht, unkompliziert und verspielt wie Jennifer Aniston in ihren Filmen

Aromen: schwarze Frucht (Schwarze Johannisbeere), rote Frucht (Himbeere), floral (Veilchen), erdig

Anbaugebiete: Beaujolais, Burgund, Loire (Frankreich), Schweiz

GRENACHE

Merkmal: munter

Charakter: sanft, ein bisschen scharf mit einer süßen Reife wie Ed Sheeran

Aromen: rote Frucht (Himbeere, Erdbeere), würzig (Pfeffer, Zimt)

Anbaugebiete: Châteauneuf du Pape, Languedoc-Roussillon (Frankreich), Navarra, Rioja (Spanien), Australien, USA

PINOT NOIR

Merkmal: elegant

Charakter: delikat, komplex, verführerisch wie die Kosmetiklinie von Kardashian & Co.

Aromen: rote Frucht (Erdbeere, Himbeere, Kirsche), würzig (Muskatnuss)

Anbaugebiete: Burgund und Champagne (Frankreich), Schweiz (auch Blauburgunder genannt), Deutschland (Spätburgunder genannt), Oregon und Kalifornien (USA), Neuseeland

PORTUGIESER

Merkmal: hip

Charakter: leicht, duftig und zugänglich wie ein Welpe

Aromen: rote Frucht (Kirsche, Johannisbeere), würzig (Vanille)

Anbaugebiete: Rheinhessen, Pfalz (Deutschland), Retz, Thermenregion, Burgenland (Österreich), Slowenien

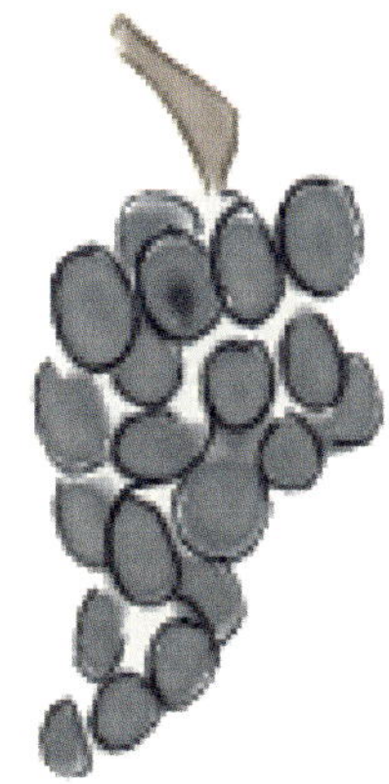

Rund und weich

CARMENÈRE
Merkmal: tiefgründig
Charakter: gehaltvoll, herb und komplex wie die Lieder von den Mumford & Sons
Aromen: schwarze Frucht (Schwarze Johannisbeere, Brombeere), rote Frucht (Kirsche), würzig (Schokolade), pflanzlich (grüne Paprika, Pfeffer), erdig (Tabak, Leder)
Anbaugebiete: Bordeaux (Frankreich), Chile, Neuseeland, China

MERLOT
Merkmal: verschmust
Charakter: sanft, samtig und mehrheitsfähig wie Günther Jauch in seinen Quizshows
Aromen: schwarze Frucht (Pflaume, Heidelbeere, Brombeere), rote Frucht (Kirsche), pflanzlich (Pfefferminze), erdig (Leder)
Anbaugebiete: Tessin (Schweiz), Bordeaux, Languedoc-Roussillon (Frankreich), Italien, Südafrika, Chile, Argentinien, Kalifornien (USA)

TEMPRANILLO
Merkmal: kollegial
Charakter: saftig, vegetativ und ledrig wie Johnny Depp's Parfum
Aromen: schwarze Frucht (Pflaume), rote Frucht (Kirsche), floral (Veilchen), würzig (Vanille, Toast), erdig (Leder, Tabak)
Anbaugebiete: Douro, Alentejo (Portugal), Rioja, Ribera del Duero, Penedès, Navarra (Spanien), USA, Argentinien, Chile

ZWEIGELT
Merkmal: stark
Charakter: kräftig, konzentriert und harmonisch wie Roger Federers Turnierreden
Aromen: rote Frucht (Kirsche, Johannisbeere), würzig (Vanille)
Anbaugebiete: Neusiedlersee, Carnuntum, Göttlesbrunn (Österreich), Saale-Unstrut, Württemberg und Franken (Deutschland), Slowakei

Kräftig und wuchtig

BARBERA
Merkmal: robust
Charakter: robust, saftig, lebhaft wie die Filme von Woody Allen
Aromen: rote Frucht (Kirsche), schwarze Frucht (Brombeere), pflanzlich (Rosmarin), würzig (Pfeffer), erdig (Tabak)
Anbaugebiete: Piemont, Emilia-Romagna, Lombardei (Italien), Kalifornien (USA), Mendoza, San Juan (Argentinien)

BLAUFRÄNKISCH
Merkmal: mehrheitsfähig
Charakter: erfrischend, voll und charmant wie Bill Murray im Film »Lost in Translation«
Aromen: schwarze Frucht (Pflaume, Brombeere), pflanzlich (Eukalyptus, Lorbeer), würzig (Pfeffer, Schokolade), mineralisch
Anbaugebiete: Burgenland, Neusiedlersee, Carnuntum (Österreich), Ungarn, Kroatien, Tschechische Republik, Washington State (USA)

CABERNET FRANC
Merkmal: fidel
Charakter: charmant, pfeffrig und kokett wie Reese Witherspoon
Aromen: rote Frucht (Himbeere, Kirsche, Johannisbeere), pflanzlich (Eukalyptus), mineralisch
Anbaugebiete: Bordeaux, Touraine/Loire, Südwestfrankreich (Frankreich), Nordostitalien, Albanien, Australien

CABERNET SAUVIGNON
Merkmal: muskulös
Charakter: kräftig, sinnlich und strukturiert wie der Oberkörper von David Beckham
Aromen: schwarze Frucht (Brombeere, Heidelbeere), pflanzlich (Paprika, Pfefferminze), würzig (Vanille, Schokolade, rauchig, Zedernholz), erdig (Tabak, Leder, Grafit)
Anbaugebiete: Bordeaux (Frankreich), Kalifornien (USA), Toskana (Italien), Libanon, Israel, Chile, China

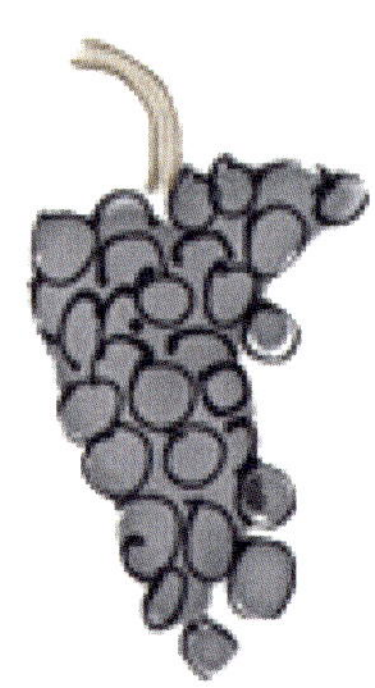

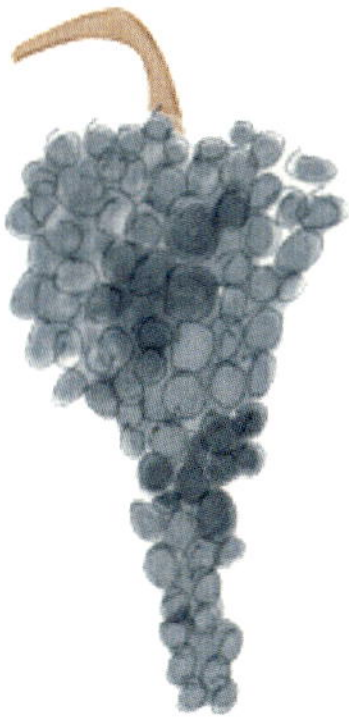

MALBEC
Merkmal: saftig
Charakter: sinnlich, robust und saftig wie Lady Gagas Steakkleid
Aromen: schwarze Frucht (Pflaume, Brombeere, Heidelbeere), floral (Veilchen), pflanzlich (Tomate, Oregano, Thymian), würzig (Vanille, Schokolade, rauchig), erdig (Tabak, Leder)
Anbaugebiete: Mendoza (Argentinien), Bordeaux, Südwestfrankreich, Cahors (Frankreich), Chile, Australien

MONTEPULCIANO
Merkmal: verführerisch
Charakter: tiefgründig, dicht und reichhaltig wie die Werke von Dürrenmatt
Aromen: rote Frucht (Kirsche), schwarze Frucht (Pflaume, Schwarze Johannisbeere), pflanzlich (Oregano), würzig (Pfeffer, Nelke), erdig (Teer)
Anbaugebiete: Abruzzen, Marche, Apulien (Italien), Neuseeland, USA

NEBBIOLO
Merkmal: selbstbewusst
Charakter: intensiv, robust und komplex wie George Clooney
Aromen: rote Frucht (Kirsche), schwarze Frucht (Pflaume), floral (Veilchen), würzig (Vanille, Lakritz), pflanzlich, erdig (Trüffel, Leder, Tabak)
Anbaugebiete: Veltlin, Barolo und Barbaresco in Piemont (Italien), Kalifornien, Oregon, Washington (USA), Mexiko, Chile, Australien

PINOTAGE
Merkmal: kühn
Charakter: lebhaft, kühn und konzentriert wie Xherdan Shaqiri
Aromen: rote Frucht (Kirsche), dunkle Frucht (Brombeere, Feige), pflanzlich (Menthol), würzig, Ausbauaromen (rauchig, Vanille)
Anbaugebiete: Südafrika

SANGIOVESE
Merkmal: schick
Charakter: elegant, robust und facettenreich wie Angelina Jolie
Aromen: rote Frucht (Erdbeere, Kirsche), schwarze Frucht (Pflaume, Feige), pflanzlich (Tomate, Oregano, Thymian), erdig (Tabak, Leder, Ton)
Anbaugebiete: Montalcino, Montepulciano und Chianti in der Toskana, Umbrien, Emilia-Romagna (Italien), Korsika (Frankreich), Kalifornien, Washington State (USA), Australien

TOURIGA NACIONAL
Merkmal: intensiv
Charakter: intensiv, dicht und kräftig wie die Stimme von Aretha Franklin
Aromen: dunkle Frucht (Pflaume, Brombeere, Schwarze Johannisbeere), pflanzlich (Pfefferminze), würzig (Lakritze)
Anbaugebiete: Douro, Dao, Alentejo (Portugal), Südafrika

Üppig und voll

NERO D'AVOLA
Merkmal: vollmundig
Charakter: kräftig, ausladend und samtig wie Wladimir Klitschko
Aromen: rote Frucht (Pflaume, schwarze Kirsche), Cassis, würzig
Anbaugebiete: Sizilien, Sardinien (Italien)

SYRAH
Merkmal: mehrdeutig
Charakter: samtig, vielschichtig und konzentriert wie Adeles Stimme

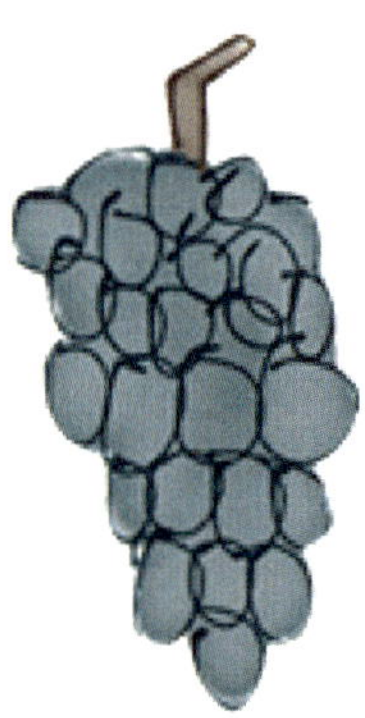

Aromen in warmem Klima: schwarze Frucht (Brombeere, Schwarze Johannisbeere, Feige), würzig (Muskatnuss), Ausbauaromen (Zimt, Tabak, dunkle Schokolade)
Anbaugebiete in warmem Klima: Barossa Valley (Australia), Italien, Südafrika, Chile

Aromen in kühlem Klima: schwarze Frucht (Brombeere, Maulbeere, Schwarze Johannisbeere), pflanzlich (Wacholder), würzig (Pfeffer, Lakritze), Ausbauaromen (Rauch)
Anbaugebiete in kühlem Klima: Hermitage, Côte-Rôtie, St-Joseph im Rhonetal, Châteauneuf-du-Pape, Südfrankreich (Frankreich), Walla Walla in Washington State, Santa Ynez und Sonoma County in Kalifornien (USA)

PRIMITIVO
Merkmal: erleuchtend
Charakter: marmeladig, üppig und geschmeidig wie jedes Wort von Oprah Winfrey
Aromen: schwarze Frucht (Feige, Brombeere), würzig (Nelke, Pfeffer, Schokolade), Ausbauaromen (Zimt)
Anbaugebiete: Apulien (Italien), Kalifornien (USA), Kroatien

ANBAUREGIONEN

Im Kapitel über das Terroir haben Sie gelernt, weshalb man für guten Wein Reben nicht im Blumenkistchen auf dem Balkon anpflanzen kann. Um einen einigermaßen ansprechenden Wein herzustellen, müssen ziemlich viele Bedingungen erfüllt sein.

Die besten Bedingungen für Reben herrschen auf der Nordhalbkugel zwischen dem 40. und 50. Breitengrad und auf der Südhalbkugel zwischen dem 30. und 40. Breitengrad. Das ist zumindest heute noch der Fall. Mal sehen, wo wir aufgrund der Klimaerwärmung in dreißig Jahren Rebberge haben werden. »Käsivarren erämaa-alue« in Finnland klingt doch nach einem renommierten künftigen Anbaugebiet.

Der langen Rede kurzer Sinn: In diesem Kapitel stelle ich Ihnen bedeutende Weinregionen beziehungsweise Anbaugebiete vor.

FRANKREICH

Das Land, das mehr Wert auf Terroir als auf Politik legt

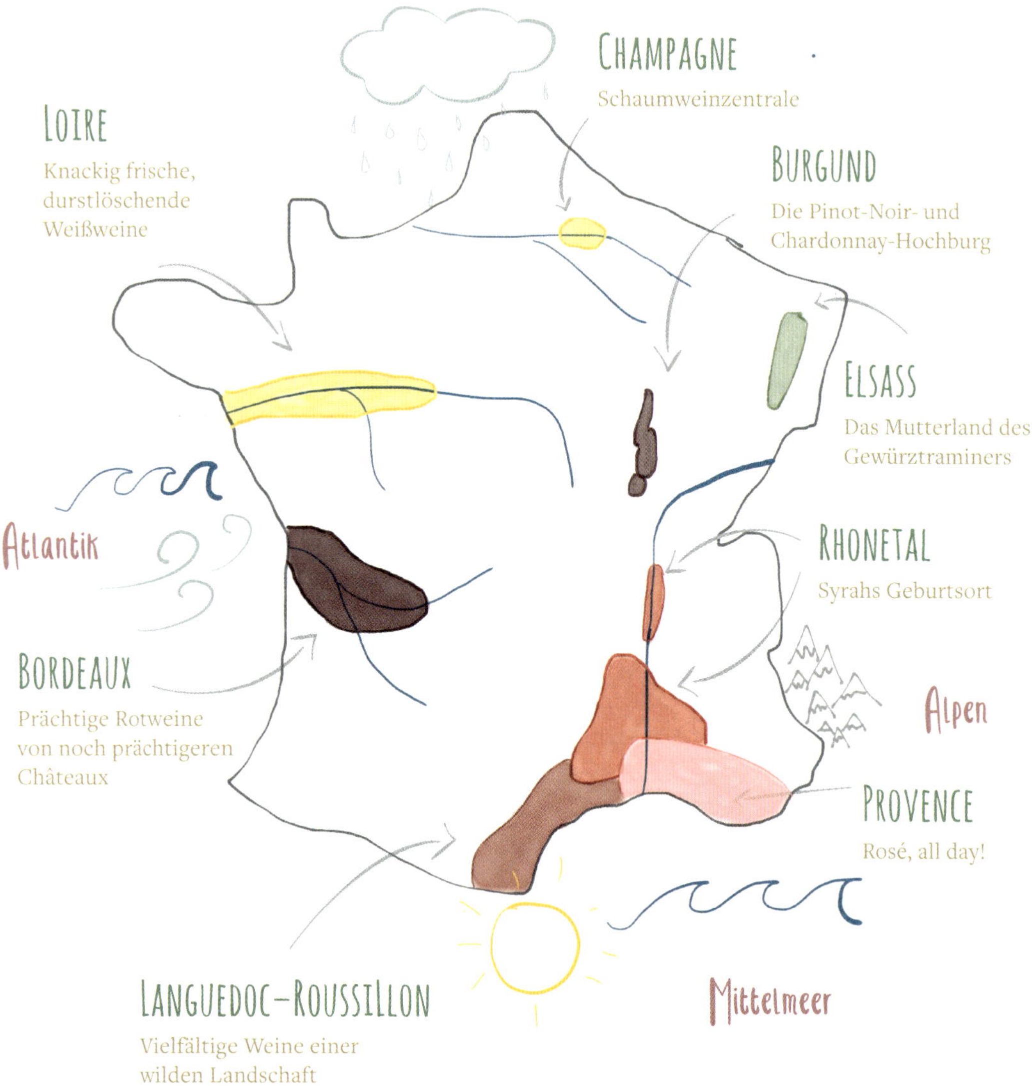

BORDEAUX

Das Reich der legendären Gerbstoffe und des ewigen Lagerpotenzials

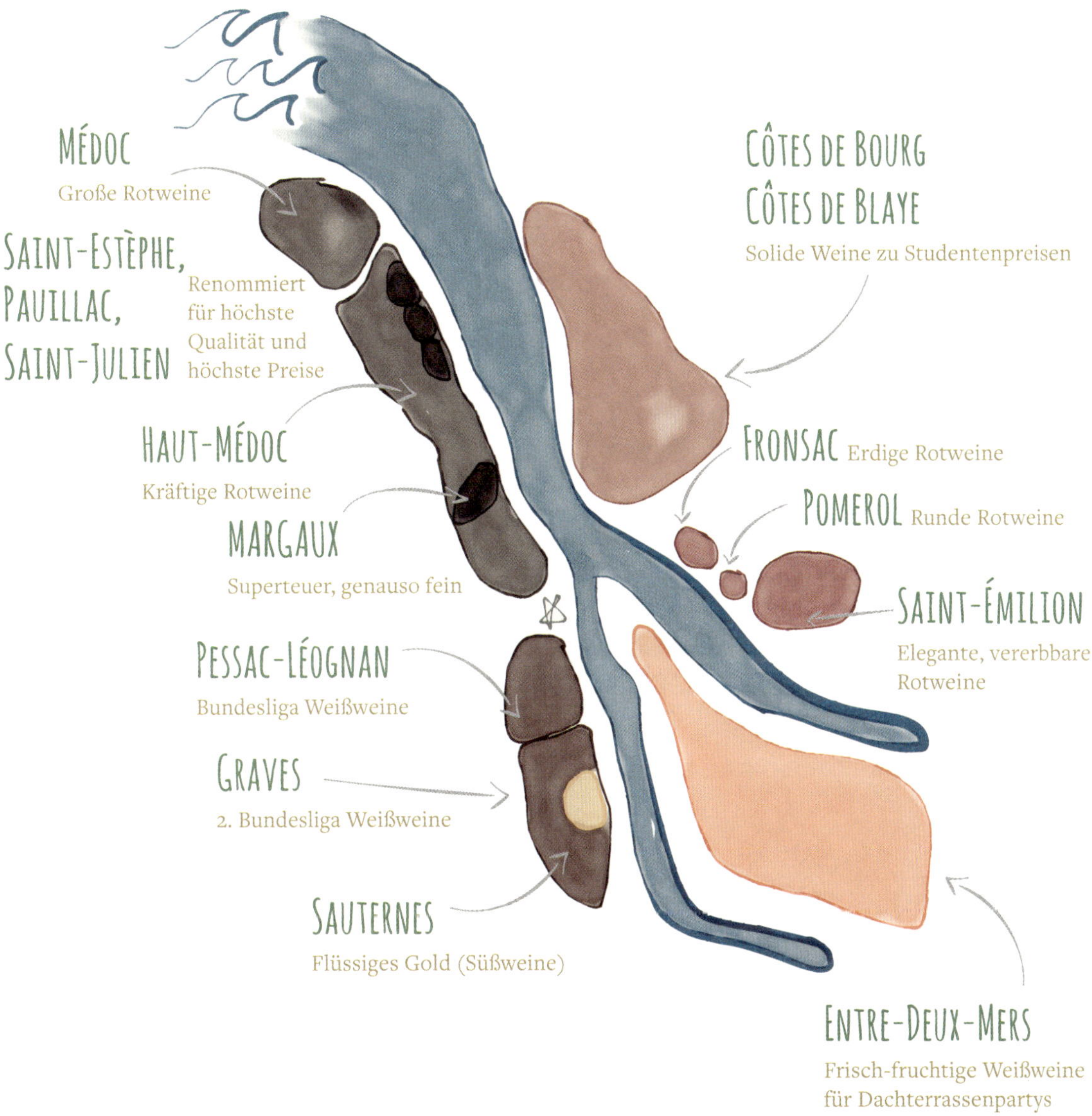

BURGUND

Das Reich der kompliziertesten und unaussprechlichsten Lagen

ITALIEN

Kein Fleck ohne Rebberge

PIEMONT

Das Schlaraffenland Italiens: Kultweine und Trüffel

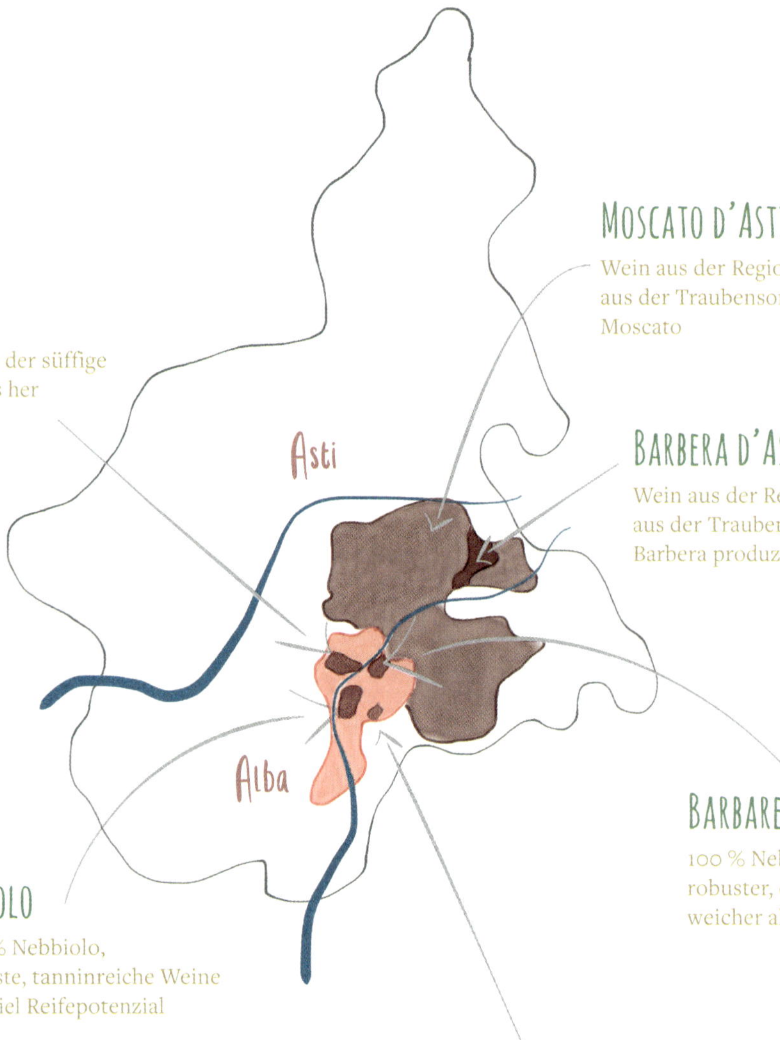

TOSKANA

Die selbstbewusstesten Weine Italiens

Chianti

70–100 % Sangiovese, 15 % Merlot, Syrah, Cabernet Sauvignon, 5–10 % Canaiolo, Colorino, mindestens 6 Monate im Fass gereift

Chianti Classico

80–100 % Sangiovese, maximal 20 % Merlot, Syrah, Cabernet Sauvignon, Canaiolo, Colorino, mindestens 1 Jahr im Fass gereift

Bolgheri

Das Bordeaux der Toskana: lagerfähige Legenden

Maremma

Geburtsort des Supertoskaners: Ohne Rücksicht auf Reglemente wurden die Traubensorten in den Proportionen verschnitten, die am geeignetsten erschienen

Montepulciano

Mindestens 70 % Sangiovese, maximal 30 % Canaiolo, Trebbiano, Malvasia
Vino Nobile di Montepulciano: kräftig, viel Lagerpotenzial,
Rosso di Montepulciano: saftig, weniger Lagerpotenzial

Montalcino

100 % Sangiovese
Brunello di Montalcino: viel Lagerpotenzial,
Rosso di Montalcino: eher trinkreif

Traubensorte

Montepulciano

Wächst nicht in Montepulciano, sondern in den Abruzzen und in Umbrien und ist bekannt als würziger Wein mit sanften Tanninen

SPANIEN

Tempranillo über Stock und Stein

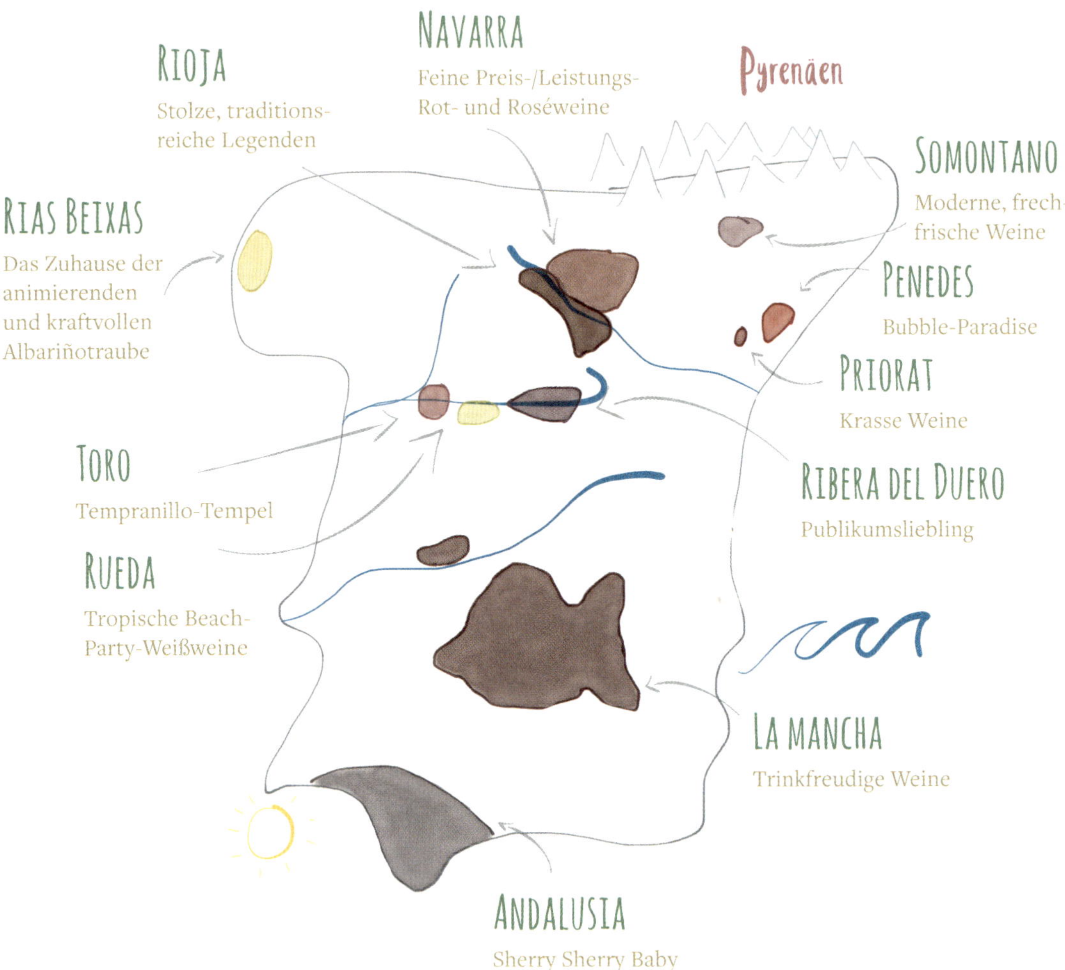

PORTUGAL

Weine voller farbenfroher Freude

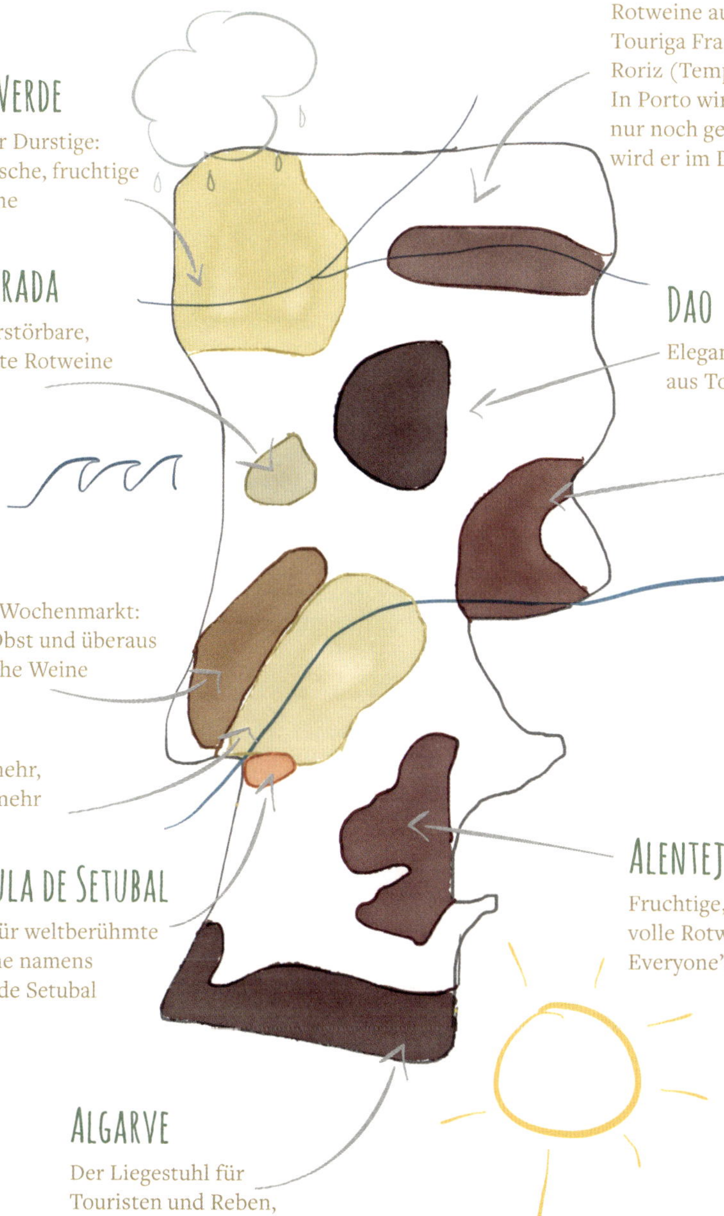

Porto und Douro

Douro: Kräftige, charmante Rotweine aus Touriga Nacional, Touriga Franca und Tinta Roriz (Tempranillo). In Porto wird der Portwein nur noch gelagert. Produziert wird er im Dourotal.

Vinho Verde

Weine für Durstige: junge, frische, fruchtige Weißweine

Bairrada

Unzerstörbare, robuste Rotweine

Dao

Elegante Rotweine vor allem aus Touriga Nacional

Beira Interior

Weine erinnern an Kräutergärten: floral, herbal

Tejo

Portugal Wochenmarkt: Oliven, Obst und überaus ordentliche Weine

Lisboa

Mehr ist mehr, Resultat: mehr Wein

Peninsula de Setubal

Bekannt für weltberühmte Likörweine namens Moscatel de Setubal

Alentejo

Fruchtige, bekömmliche, volle Rotweine, Everyone's darling

Algarve

Der Liegestuhl für Touristen und Reben, Platz an der Sonne für alle

DOURO UND DUERO

Ein sehr, sehr wichtiger Fluss, an dem viele, viele Reben wohnen

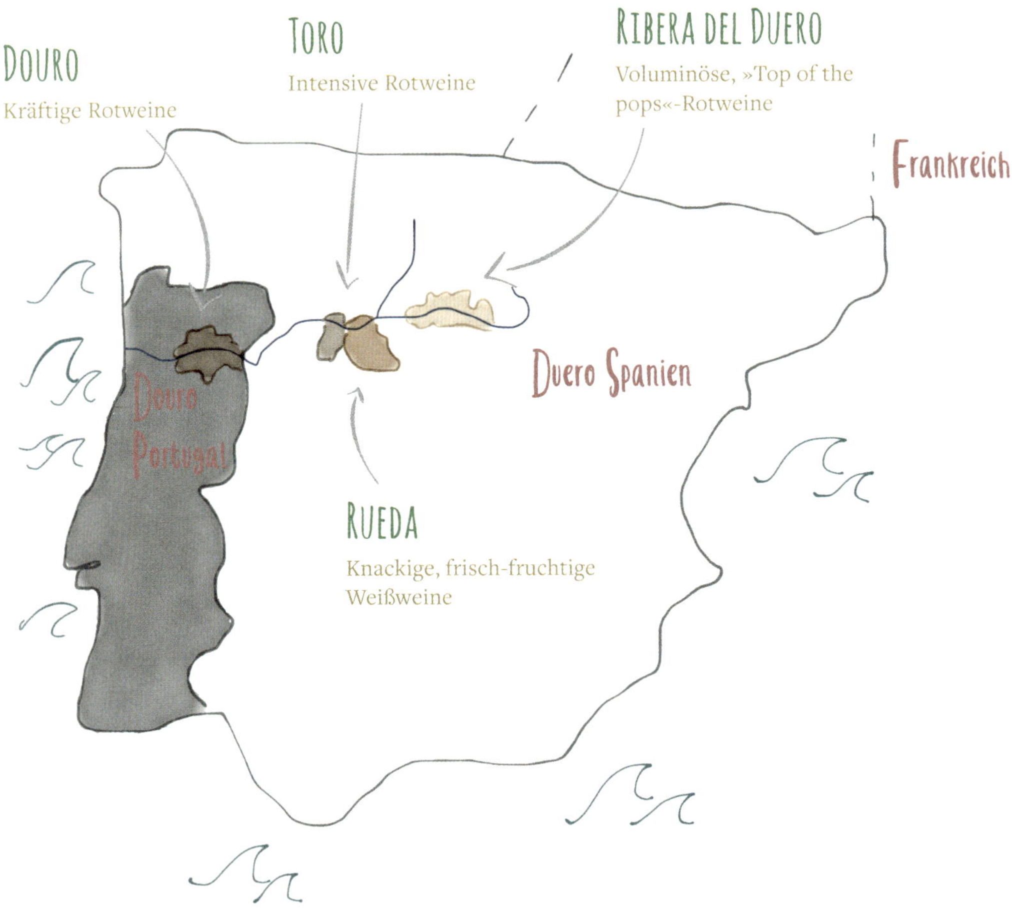

SCHWEIZ

Präzisionshandwerk geht über Uhrmacherei hinaus

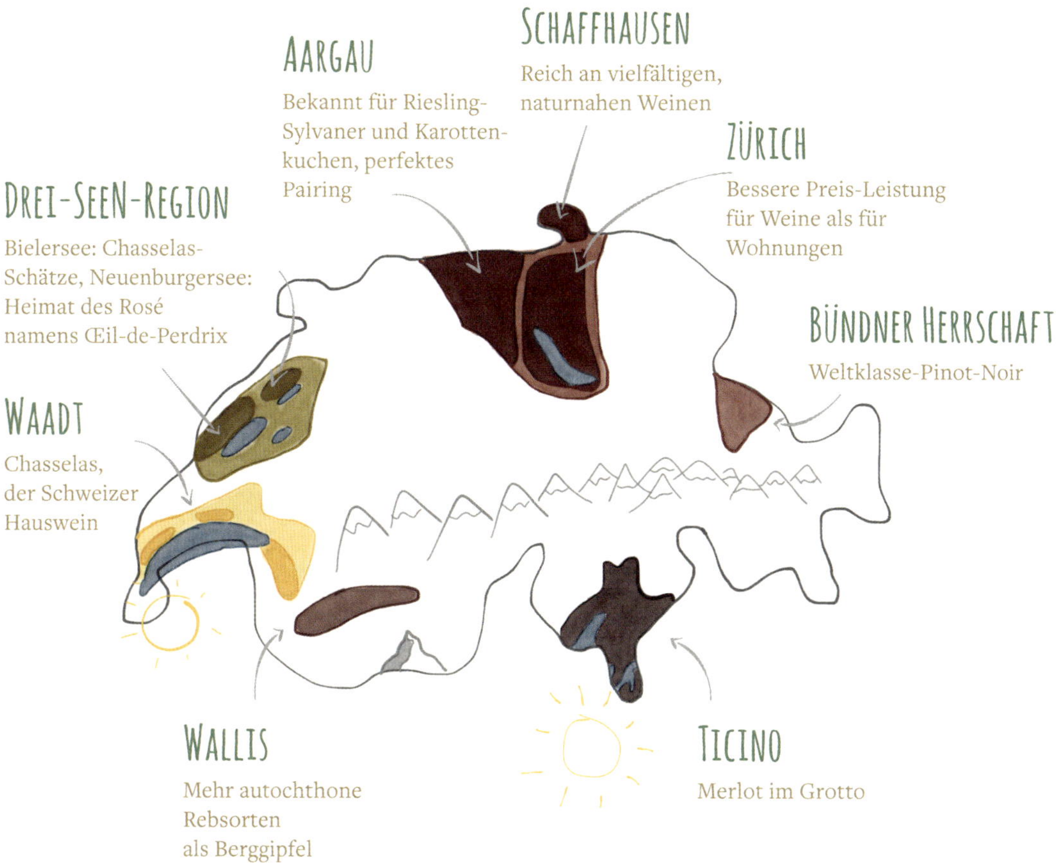

ÖSTERREICH

Grüner Veltliners Republik

A Wagram
Für die Selbstfindung: substanzielle, herzhafte Grüne Veltliner

B Traisental
Frische, fruchtige Finesse

C Wachau
Wohlfühloase für monumentale Weißweine

D Kremstal
Dynamische Region, bekannt für Weißweine

E Kamptal
Österreichs Frischehauch: rassige, säurebetonte Weißweine

F Thermenregion
Externe Wellness durch Traubenkur und interne Wellness durch autochthone Traubensorten

Weinviertel
Pfeffrige, freche Grüne Veltliner

Carnuntum
Bekannt für regionale Weine und regionale Speisen

Neusiedlersee
Önologisches Verwöhnprogramm vor allem mit den weltbesten Süßweinen

Leithaberg
Tausendsassa der Weinregionen: immense Weinvielfalt

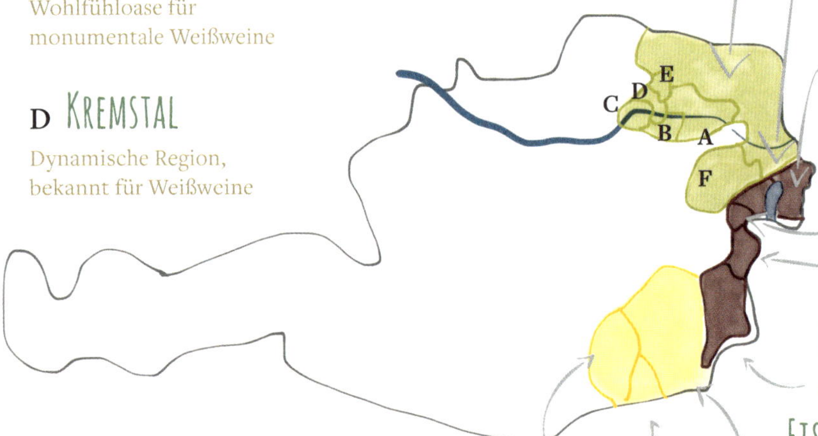

Mittelburgenland
Österreichs Rotweinkultur

Eisenberg
Frecher Blaufränkisch

Weststeiermark
Bekannt für Schilcher Rosé: Wein aus der uralten Traubensorte Blauer Wildbacher

Vulkanland Steiermark
Erloschene Vulkane für eine entfachte Aromenpracht

Südsteiermark
Raffinierter Sauvignon Blanc

DEUTSCHLAND

Regierung Riesling!

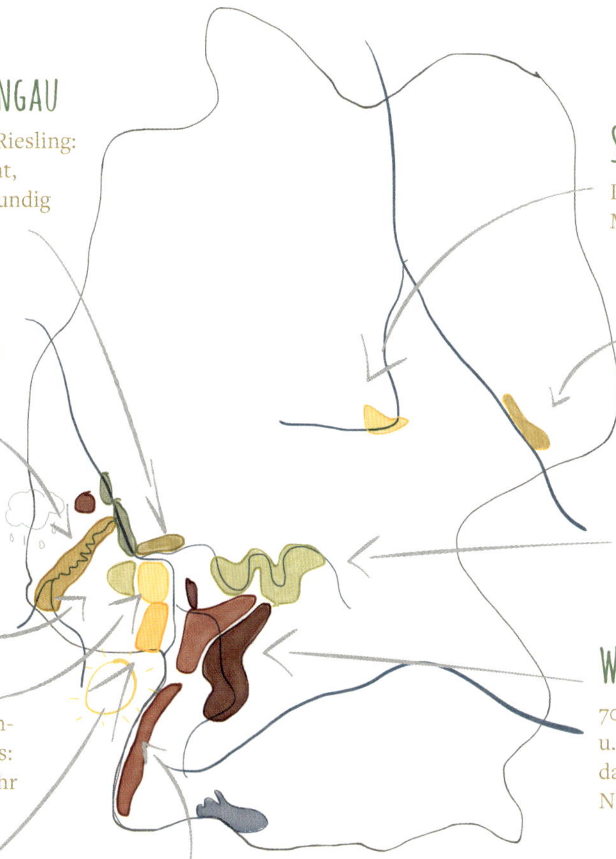

RHEINGAU

80 % Riesling: elegant, vollmundig

MOSEL

Der Inbegriff von mineralischen Weißweinen, die Riesling-Hochburg

NAHE

Klein, fein, geheim

RHEINHESSEN

Die durstigste Weinregion Deutschands: 2,5 Mio. hl Wein/Jahr produziert

PFALZ

Unbeschwerte Lebensfreude, fröhliche Weine

BADEN

Ein Regenbogen an verschiedenen Böden und Traubensorten

SAALE-UNSTRUT

Idyllische, romantische Müller-Thurgau-Weine

SACHSEN

Sonnige, feine Weißburgunder

FRANKEN

Schon Goethe liebte diese Weine

WÜRTTEMBERG

70 % Rotweine, u.a. Trollinger, das schwäbische Nationalgetränk

KALIFORNIEN

Blumen in den Haaren, Meeresbrise im Gesicht, Sonne in den Augen

ARGENTINIEN

Malbec, Fleisch, Feierabend

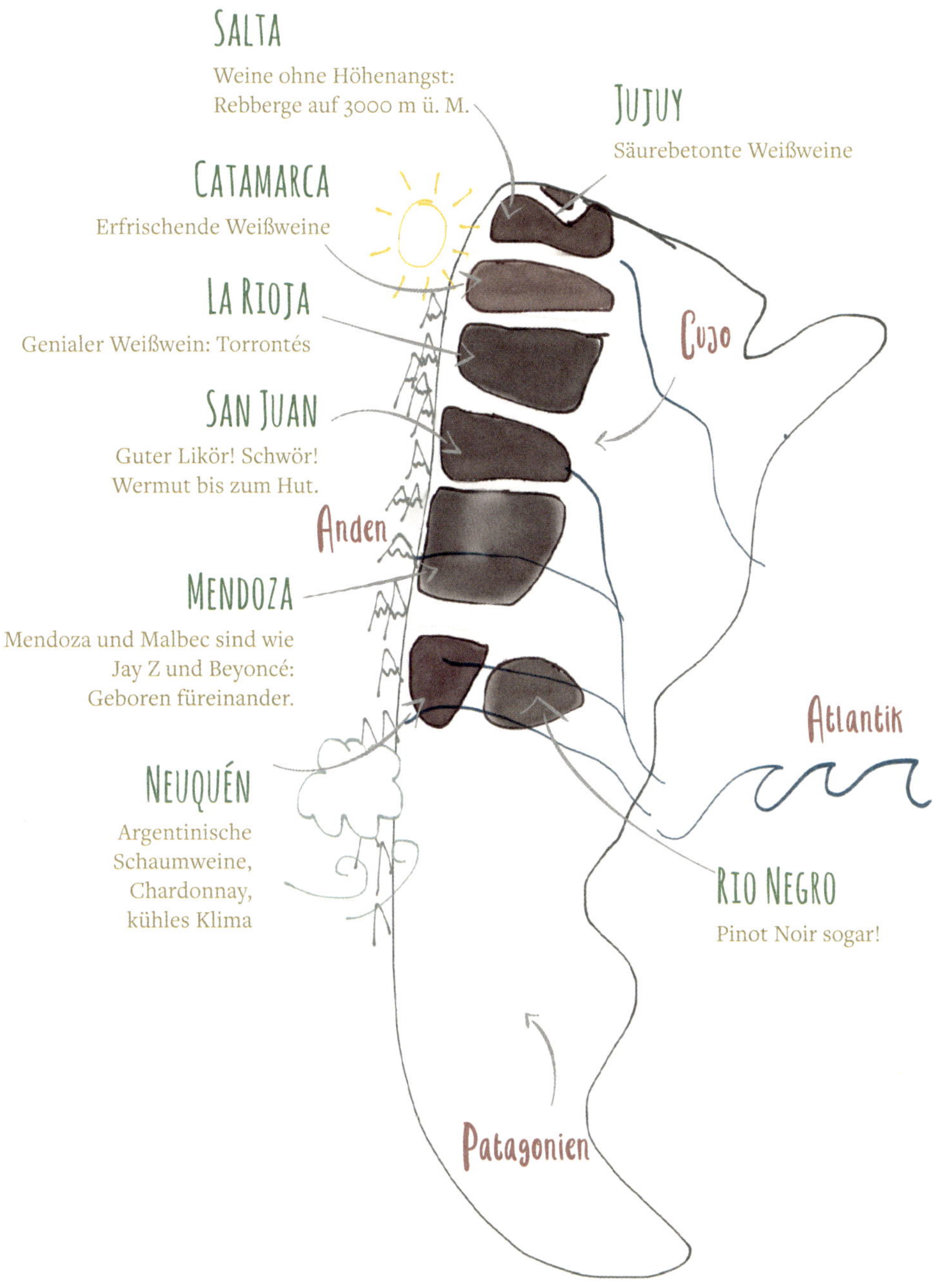

WEIN

AUSBAU

In diesem Kapitel geht es um die hohe Kunst der Herstellung von Wein und Schaumwein – eines der schönsten Weinthemen, denn neben viel technischem Wissen geschieht an dieser Stelle die Magie des Weinmachens: Aus gewöhnlichem Traubensaft wird (dank Alkohol) Wein.

Sobald die Trauben im Weingut angekommen sind, liegt das Schicksal des künftigen Weins in den Händen des Kellermeisters, der Kellermeisterin. Sie entscheiden darüber, wie sie ihren Wein produzieren. Wollen sie ihn so belassen, wie er ist? Versuchen sie, die Eigenheiten des Terroirs herauszuholen, zu zeigen? Formen sie ihn subtil?

WEINHERSTELLUNG

Die Weinherstellung ist eine sehr komplexe Angelegenheit. Hier soll daher nur eine sehr rudimentäre, abgespeckte Version der wichtigsten Schritte aufgeführt werden, die dennoch ziemlich viele technische Aspekte umfasst. Halten Sie sich fest!

Stillwein

Stillweine sind Weine, die nicht schäumen oder perlen, also keine oder kaum mehr Kohlensäure enthalten. Stillweine haben nichts mit dem Stillen eines Babys zu tun.

Hier die einzelnen Produktionsschritte:

Ernte und Anlieferung – Homecoming

Die Trauben werden entweder manuell oder maschinell geerntet. Die Wahl geschieht aufgrund der Kosten, des Terrains oder der Anbauphilosophie des Winzers/der Winzerin. Bei der manuellen Ernte kann sichergestellt werden, dass nur gesundes und reifes Traubengut geerntet wird. Denn Fehler am Anfang lassen sich später nicht mehr korrigieren.
Das Traubengut kommt im Weingut an. Die Trauben sollten möglichst frisch und intakt sein und nicht schon in den Erntekörben oder -kisten anfangen zu gären.

Selektion – das Casting

Je nach Qualitätsanforderung des Weinguts wird nun eine weitere Selektion vorgenommen: Nur gesundes und reifes Traubengut gelangt zur Weiterverarbeitung. Oft geschieht diese Selektion auf einem Förderband; dabei sind flinke Hände und scharfe Augen gefragt. Hochmoderne Weinbetriebe verfügen sogar über Maschinen, welche die Dichte der Beeren messen und nur jene selektionieren, die den für die betreffende Traubensorte geltenden Richtwert erfüllen.

Entrappen (Abbeeren) – die Entblößung

Manuell oder maschinell werden nun die Stiele entfernt, denn wenn sie in den Wein gelangen, bringen sie eher unreife, holzige oder tanninhaltige Aromen mit sich. Zur Erzielung gewisser Weinstile können die Stiele aber auch absichtlich an den Trauben belassen werden.

Einmaischen – Glibber

Dieser Schritt ist vor allem für Rotwein wichtig. Die Trauben werden gequetscht; es entsteht ein glibbriges Gemisch aus Fruchtfleisch, Kernen, Schalen und Saft, die sogenannte Maische. Die Maische kommt in Tanks oder Bottiche, in denen der Saft Gerbstoffe und Farbstoffe aus den Feststoffen (Resten von Fruchtfleisch, Kernen, Schalen) extrahiert. Wie viel Farbstoff und Gerbstoff extrahiert werden, hängt von der Maischestandzeit, der Temperatur und der Enzymaktivität ab. Je länger die Standzeit (Kontaktdauer der Schalen mit dem Saft), desto dunkler färbt sich der Wein und desto tanninreicher wird er.

Fermentation – Hefe-Faultiere

Sobald die auf der Traubenschale natürlich vorkommenden Hefen in Kontakt mit dem Fruchtzucker im Fruchtfleisch der aufgeplatzten Trauben kommen, wandeln sie diesen in Alkohol und CO_2 um. Das CO_2 entweicht aus dem offenen Bottich.

Soll der Wein nicht der zufällig vorkommenden natürlichen Hefe überlassen bleiben, kann der Kellermeister der Maische ausgewählte Hefe (Reinzuchthefe) hinzufügen.

Je tiefer die Gärtemperatur ist, desto länger dauert die Gärung (Fermentation) und desto schonender gärt der Most, was die Aromenvielfalt fördert. Die Fermentation (alkoholische Gärung) ist dann beendet, wenn die Hefe keinen Zucker mehr zu fressen hat oder die Temperatur im Bottich von der Önologin reduziert wird. Die Hefe mag es wie wir: Wir haben es auch gerne warm und süß und kippen um nach zu viel Alkohol und bei Kälte.

Pressen – Sonntagmorgen

So liebevoll wie Sie am Sonntagmorgen Ihren frischen Orangensaft ausdrücken, wird auch die Maische gepresst. Der Saft wird dabei vom Rest getrennt. Das Pressen geschieht meist in einer pneumatischen Presse: Ein waagrecht liegender Sack bläht sich mit Luft auf und drückt die Maische an die runde Zylinderwand – schön langsam und vorsichtig, sodass keine Bitterstoffe aus den Kernen und Schalen gepresst werden.

Assemblage – Friede, Freude, Eierkuchen

Oft werden mehrere Traubensorten im Fass oder Tank gemischt, das heißt im Fachjargon verschnitten. Dies unternimmt man, wenn sich Traubensorten besonders gut ergänzen. Das Resultat nennt sich eine Assemblage oder Cuvée. Es können nicht nur verschiedene Traubensorten gemischt werden, sondern auch Trauben von verschiedenen Parzellen (Lagen) oder sogar ganze Appellationen (Weinregion), Jahrgänge oder unterschiedliche Fassausbauten. Assembliert wird entweder vor der Fermentation oder vor dem Ausbau. Der Kellermeister zieht zu diesem Zweck mit Pipetten Proben aus einer Auswahl von Fässern, stellt in mehreren Messzylindern Probemischungen von etwa 100 Milliliter her und verkostet diese.

Ausbau – Yogastunde

Der Wein wird nun in Fässern, Tanks oder anderen Gärbehältern im Keller gereift (ausgebaut). Hier darf er sich endlich entspannen und zu sich finden – zum Teil bis zu vier Jahre oder länger. In aller Ruhe entfaltet er seine Aromen, entwickelt seine Struktur, lässt sich vielleicht von ein paar Fassaromen berieseln, macht Atemübungen.

Wenn es der Kellermeister oder die Önologin zulässt, genießt der Wein nun während ein paar Wochen eine Kur namens BSA (biologischer Säureabbau). Dabei wandeln die im Wein natürlich vorhandenen Milchsäurebakterien die anfangs strenge Säure in eine eher mildere Säure um. Dies kann zufällig geschehen, wenn unkultivierte Milchsäurebakterien vorhanden sind, oder absichtlich durch das Einbringen speziell kultivierter Bakterien in den reifenden Wein.

Stabilisierung – Sensibelchen

Während seiner »Selbstfindungsphase« befreit sich der Wein von allem Negativen: Hefe und andere Partikel fallen auf den Boden des Behälters.

Um zu gewährleisten, dass der Wein seine jetzige Qualität hält, kann er (muss er aber nicht) stabilisiert werden. Dadurch lässt sich vermeiden, dass Tannine, Phenole (Farbe) oder Proteine später Trübungen oder Schleier bilden. Diese Stabilisierung sorgt gleichzeitig dafür, dass die Weine lagerfähig bleiben. Zu diesem Zweck muss der Wein entweder vom einen Fass zum anderen umziehen, wodurch immer mehr der unerwünschten Partikel entfernt werden. Oder es werden Schönungsmittel beigegeben (tonhaltige Mineralerde, eiweißhaltige Produkte), die sich mit diesen Partikeln verbinden und so entfernt werden können. Allerdings besteht dabei die Gefahr, dass dem Wein auch Geschmacksträger genommen werden.

Filtration – Verdufte!

Die Filtration dient ebenfalls der Stabilisierung. Hartnäckige Hefepartikel, Bakterien oder Proteine müssen verduften. Oft werden Weißweine und junge Rotweine filtriert. Lang gereifte Rotweine muss man eigentlich nicht mehr filtern, da sich die Partikel vor Erschöpfung sowieso auf dem Boden absetzen.

Zur Filtration werden neben anderen Methoden großporige Filter aus Zellstoff oder poröser Kunststofffolie verwendet, in denen die Teilchen hängen bleiben und der Wein hindurchfließt.

Schwefelung – Schicksalsschlag

Wein ist hypersensibel und hyperaktiv. Die Stoffe im Wein können mit allem und jedem reagieren. Wenn der Wein sich selbst überlassen wird, führt er seinen Selbstfindungsprozess ein Leben lang weiter und definiert sich immer wieder neu. Der Kellermeister kann aber auch jederzeit liebevoll eingreifen, falls er andere Pläne verfolgt. Um den Wein vor Oxidation und mikrobiologischer Aktivität zu schützen, kann er ihm jetzt Schwefeldioxid beigeben.

Abfüllung – Es ist so weit!

Der Wein kann abgefüllt werden, sei es in der gutseigenen oder einer mobilen gemieteten Abfüllanlage oder bei einem professionellen Abfüller.

Je nach Philosophie des Weinguts und Weinstil kommt die Flasche nun direkt ins Regal, oder der Wein darf noch ein bisschen in der Flasche reifen wie zum Beispiel ein Rioja Crianza (1 Jahr), Reserva (2 Jahre) oder Gran Reserva (3 Jahre).

ROTWEIN- UND WEISSWEIN-PRODUKTION IM VERGLEICH

Rotwein

Ernte und Anlieferung

Selektion

Entrappen

Einmaischen

2 bis 7 Tage.
Durch verschiedene Verfahren wird die Maische immer wieder durcheinandergemischt, um möglichst viele Stoffe zu extrahieren.

Fermentation

Je nach Traubensorte und Weinqualität gärt der Most einige Tage bis 2 Wochen.

Pressen

Aufgrund des Traubengewichts im Behälter platzen die Trauben auf. Der Most trennt sich somit natürlich von den Schalen. Die Maische enthält jedoch noch viele Feststoffe. Der Kellermeister kann entscheiden, ob und in welcher Intensität er noch Most/Saft aus der Maische pressen will.

Assemblage (Verschnitt)

Ausbau

Stabilisierung/Filtration/Schwefelung

Abfüllung

Weisswein

Ernte und Anlieferung

Selektion

Entrappen

Evtl. Einmaischen

Wenn überhaupt, nur einige Stunden. Einmaischen ist beim Weißwein weniger wichtig, da weniger Feststoffe (Gerbstoffe, Farbstoffe) extrahiert werden müssen.

Pressen

Der Druck der Membrane presst den Saft aus dem Presskorb. Traubenhäute und -kerne bleiben zurück.

Fermentation

Je nach Traubensorte und Weinqualität gärt der Most einige Tage bis 4 Wochen.

Assemblage (Verschnitt)

Ausbau

Stabilisierung/Filtration/Schwefelung

Abfüllung

ROTWEIN-HERSTELLUNG

FERMENTATION

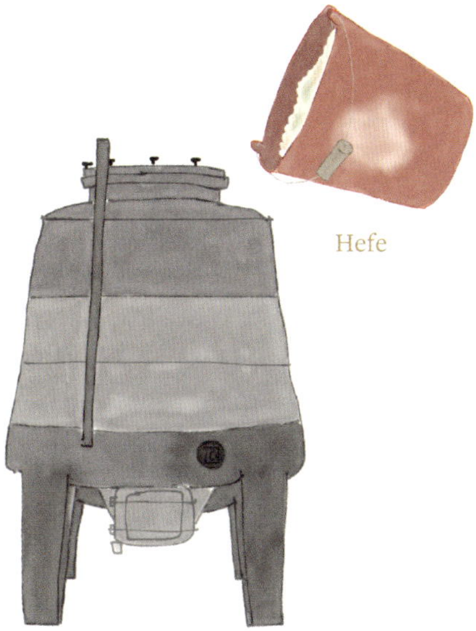

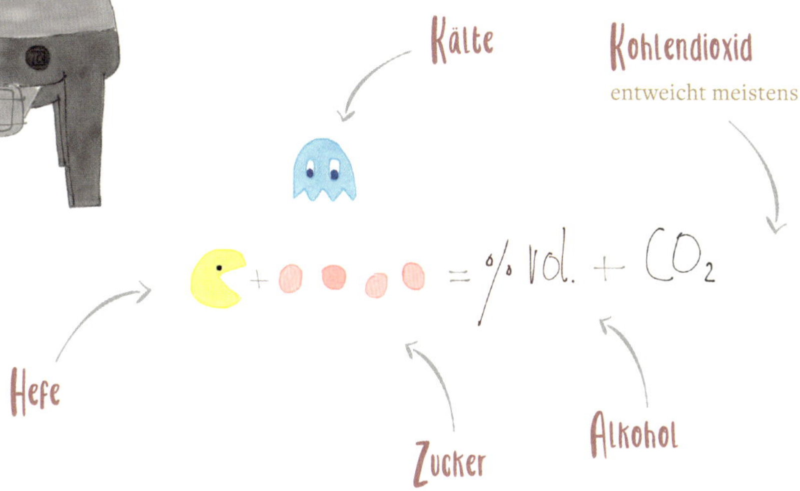

PRESSEN

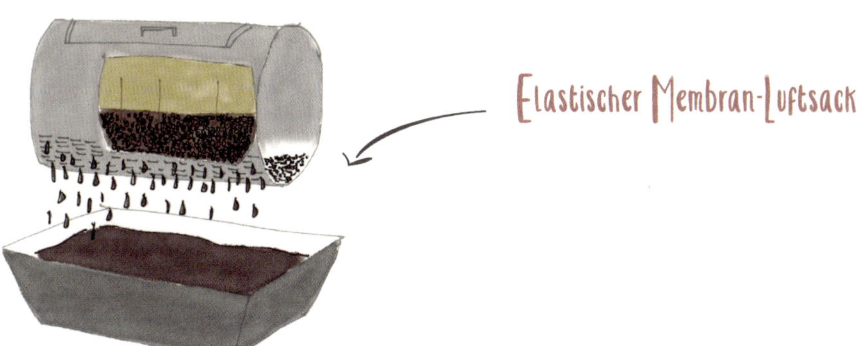

ASSEMBLAGE

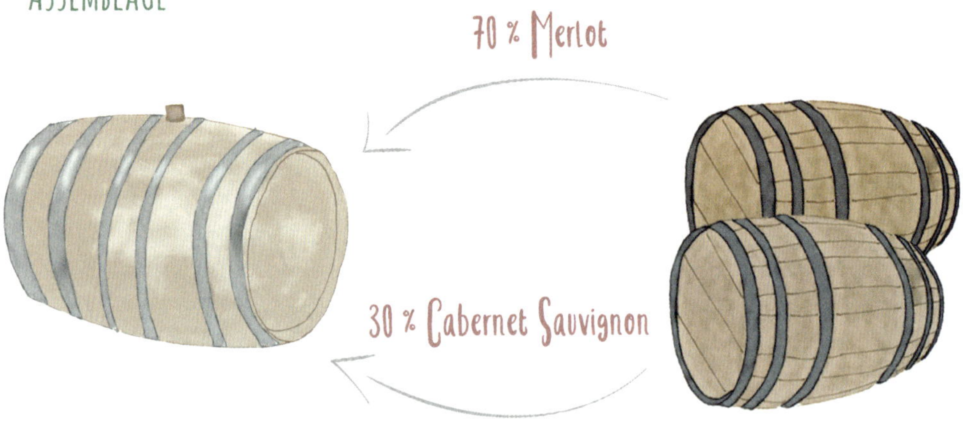

AUSBAU

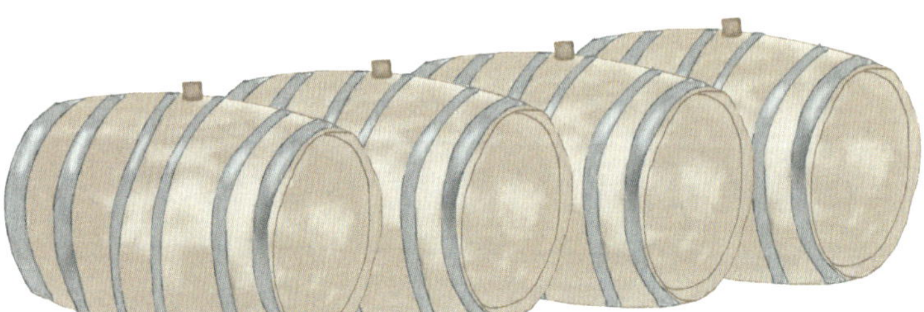

Für Weine, die durch den Austausch von Sauerstoff und Eichenholz an Komplexität gewinnen

und/oder

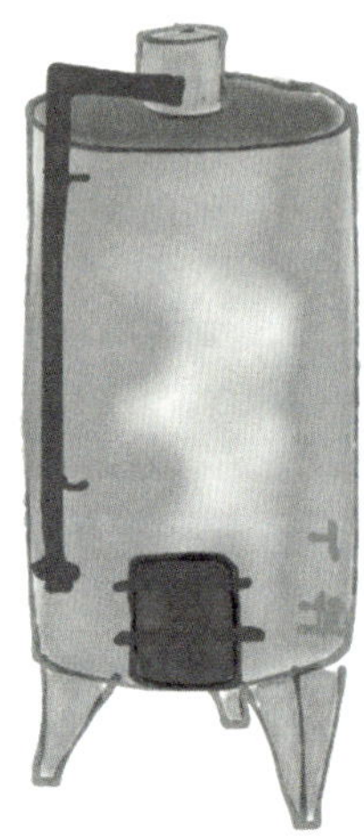

Für fruchtbetonte Weine

FILTRATION

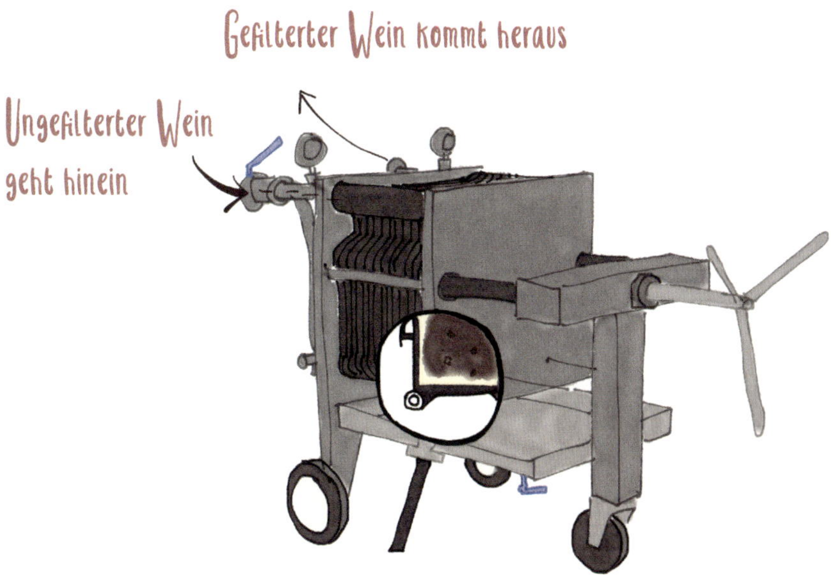

ABFÜLLUNG

WEISSWEIN-HERSTELLUNG

PRESSEN

FERMENTATION

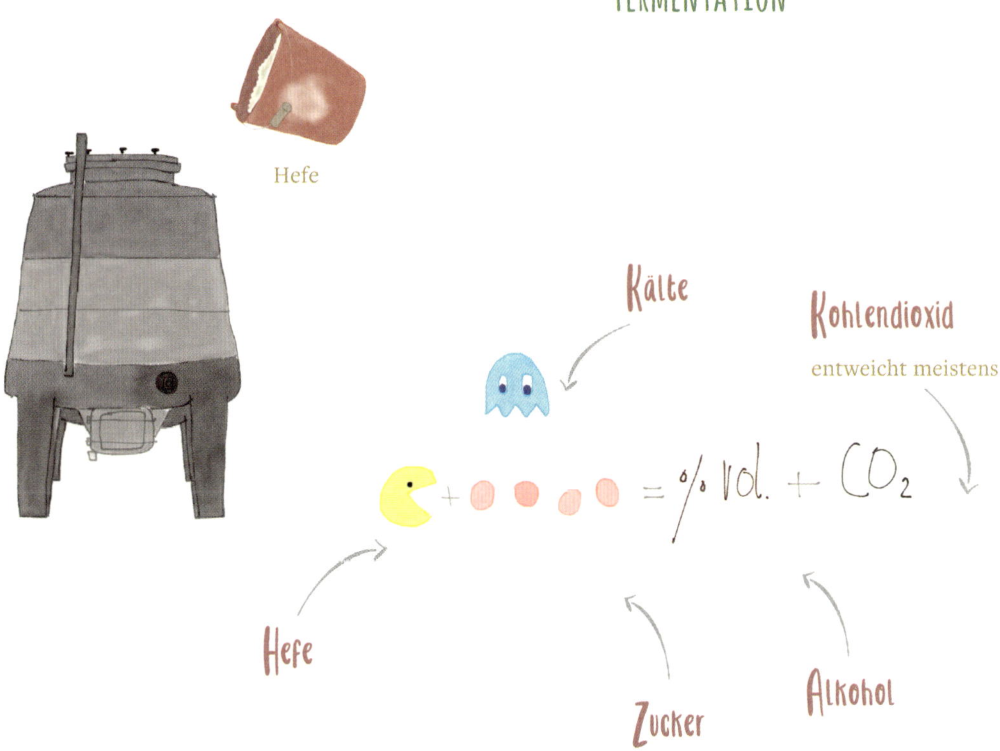

ASSEMBLAGE

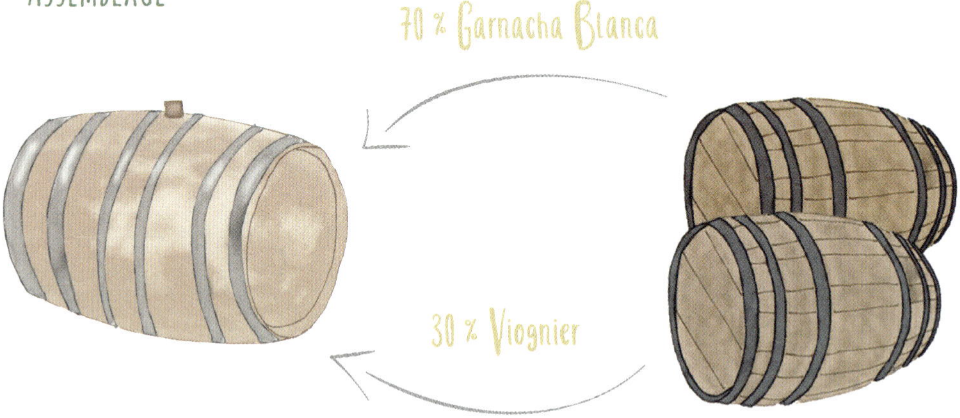

AUSBAU

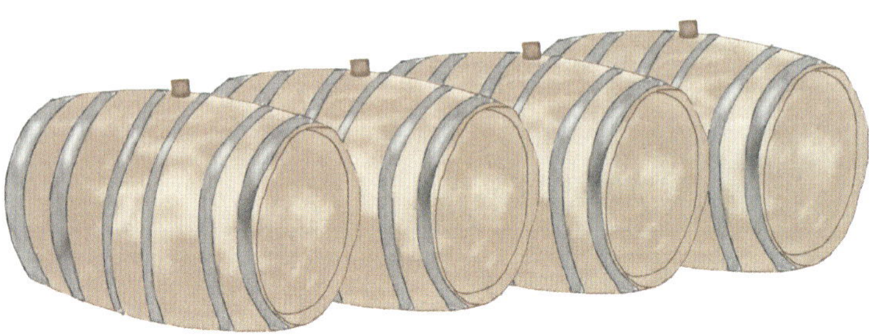

und/oder

Für Weine, die durch den Austausch von Sauerstoff und Eichenholz an Komplexität gewinnen

Für fruchtbetonte Weine

FILTRATION

ABFÜLLUNG

ROSÉ-HERSTELLUNG

Rosé ist für viele das perfekte Sommergetränk. Ach was, Rosé ist das ganze Jahr über ein Lebenselixier! Frisch, knackig, zartrosa, Rosé ist im Trend. Mehr im Trend als Welpenvideos auf den sozialen Medien. Er wird hektoliterweise getrunken, doch niemand weiß so recht, wie er hergestellt wird.

Gut zu wissen:
Das Verschneiden (Assemblage) von Weiß- und Rotweinen ist nicht in jeder Weinregion erlaubt. Für die Schaumweinherstellung ist dieses Verfahren in der EU überall erlaubt.

SAIGNÉE

Der »Seitensprung« unter den Herstellungsmethoden: macht den ersten Schritt mit und entscheidet sich dann für einen Neuen

Ergibt mehrheitlich dunkelrote, fruchtige, vollere Rosés und wird so in der ganzen Welt in Anlehnung an das Rotweinverfahren produziert. Es wird also zuerst ein Rotwein produziert, währenddessen entsteht aber auch ein Rosé.

1. Von der Ernte bis Entrappung wird alles gleich gemacht wie bei der Rotweinherstellung. In erster Linie produziert man nämlich einen Rotwein und daraus noch einen Rosé.

2. Nach 8 bis 48 Stunden Maischestandzeit wird mit einem Schlauch circa 20 Prozent des rötlichen Safts vom Rest abgezogen.

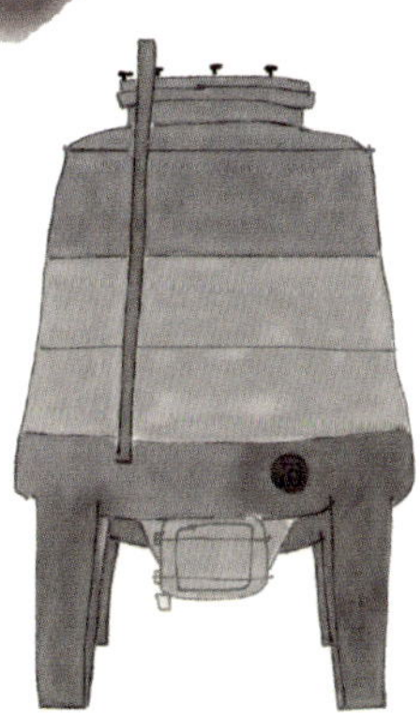

3. Der abgezogene hellrosa Saft wird in einem separaten Tank circa 10 Tage fermentiert.

4. Der restliche Saft wird zu Rotwein verarbeitet. Da der Maische nun 20 Prozent Saft fehlt, erhält der Wein eine konzentriertere Struktur (Schalen, Kerne, Fruchtfleisch geben Stoffe ab).

5. Nachdem der Rosé fertig fermentiert ist, werden dieselben Schritte wie bei der Rotweinproduktion angewendet (Filtration usw.). Schließlich hat man zwei Weine, einen Rosé und einen Rotwein.

DIREKTE PRESSUNG

Der »One Night Stand« unter den Herstellungsmethoden (kurzer Prozess)

Ergibt mehrheitlich sehr helle, leichte Rosés, wird so in der ganzen Welt in Anlehnung an das Weißweinverfahren produziert.

1. Von der Ernte bis zur Entrappung wird alles gleich wie bei der Weißweinherstellung gemacht.

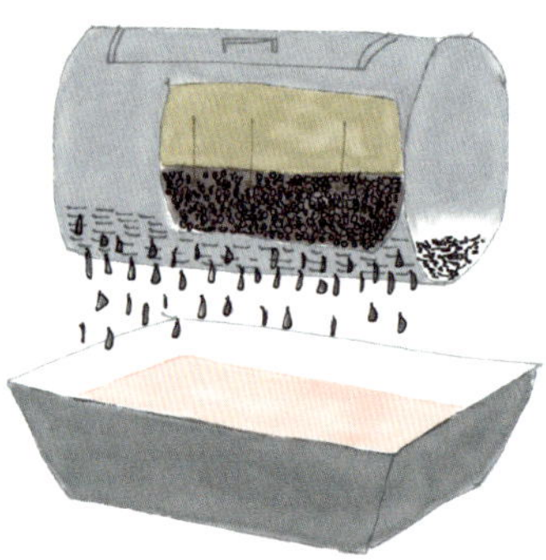

2. Dann erfolgt eine sofortige, aber langsamere Pressung in Etappen, bis die gewünschte Farbe erreicht ist. Dieser Prozess dauert 3 bis 4 Stunden. Da der Saft unvermeidlich auch in Kontakt mit der Schale kommt, erhält der Wein doch noch etwas Farbe.

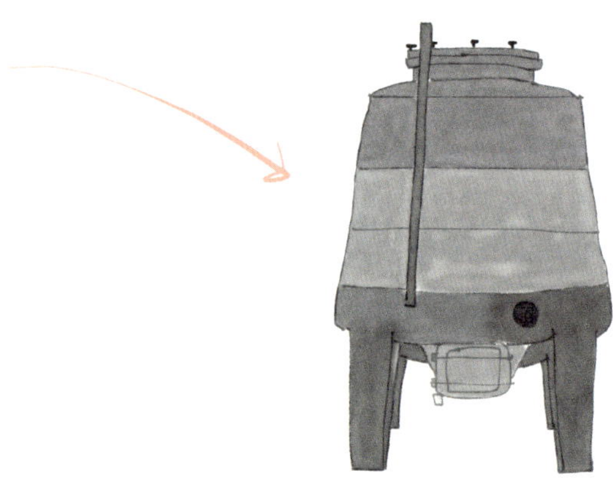

3. Der hell rosafarbene Saft wird in einen Edelstahltank gepumpt. Eventuell noch vorhandene Partikel setzen sich auf dem Boden ab.

4. Es erfolgt die Fermentation und alle weiteren Schritte (Filtration usw.) wie beim Weißweinverfahren.

Kurze Mazeration

Die »Affäre« unter den Herstellungsmethoden (längerer Prozess mit absehbarem Ende)

Ergibt mehrheitlich helle, leichtere Rosés, bekannt aus der Provence und Languedoc-Roussillon, wird in Anlehnung an das Rot- und Weißweinverfahren produziert.

1. Von der Ernte bis zur Maischestandzeit wird alles gleich gemacht wie bei der Rotweinherstellung. Wie bei der Weißweinproduktion lässt man jedoch den Saft nur kurze Zeit in Kontakt mit den Trauben und Kernen.

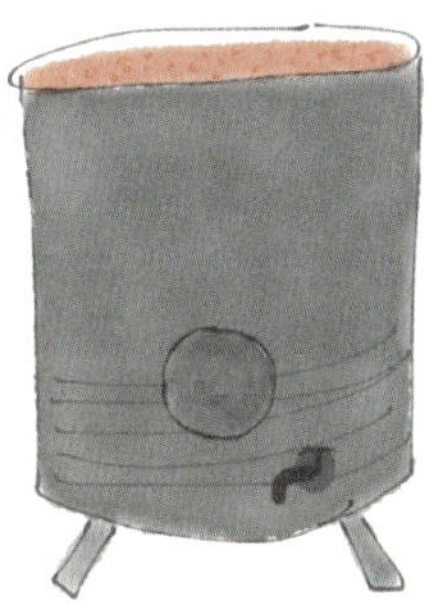

2. Während 6 bis 48 Stunden Maischestandzeit extrahiert der Saft Farb- und Gerbstoffe aus den Schalen.

3. Der Most wird vom Rest getrennt.

4. Der Most wird für die Fermentation in einen Edelstahltank abgezogen.

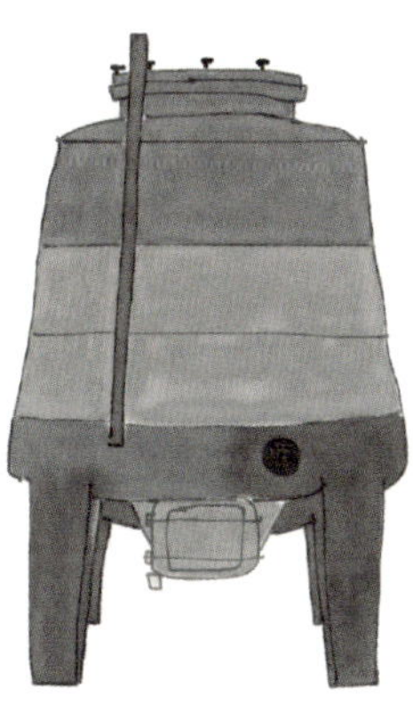

5. Nachdem der Rosé fertig fermentiert ist, werden dieselben Schritte wie bei der Weißweinproduktion angewendet (Filtration usw.).

SCHAUMWEIN-HERSTELLUNG

Bubbles

Schaumweine sind Weine, die schäumen, prickeln oder perlen, also Kohlensäure enthalten. Die Unermüdlichen unter den Weinen. Es gibt fast so viele verschiedene Schaumweine, wie es weinproduzierende Länder gibt, denn mittlerweile stellt fast jedes Anbaugebiet seinen eigenen »Sprudel« her. Sogar die Engländer, die den »sparkling wine« ganz besonders lieben, bringen es fertig, in ihrem regnerischen Land gute Schaumweine zu erzeugen.

Damit ein Schaumwein die Bezeichnung Sekt, Crémant oder eine der unten aufgeführten Bezeichnungen tragen darf, müssen je nach Herkunftsgebiet strenge Kriterien wie Mindestalkoholgehalt, Herkunft, verwendete Traubensorten, Mindestreifezeit oder ein bestimmter Flascheninnendruck erfüllt sein. Wichtig zu wissen ist also vor allem, woher ein Schaumwein kommt und wie er hergestellt wird.

Und Sie dachten schon, »Bubbles« seien purer Spaß! Ha!

Die beiden meistverwendeten Methoden der Schaumweinherstellung sind die traditionelle Flaschengärung und die Tankgärung.

Gut zu wissen:
Wenn der Schaumwein einen Jahrgang aufweist, spricht dies für ein Spitzenerntejahr, in dem nur die Trauben des jeweiligen Jahrgangs verwendet wurden (Grundwein). Wenn kein Jahrgang auf der Flasche steht, handelt es sich um den »Hauswein« des Produzenten: Dieser Schaumwein soll jedes Jahr gleich schmecken, weshalb der Grundwein mit älteren Jahrgängen gemischt wird. So gewährleistet der Produzent eine stets gleichbleibende Qualität.

Traditionelle Flaschengärung (Méthode champenoise, Méthode traditionelle, Metodo classico)
Das klassische Verfahren der Schaumweinherstellung ist die traditionelle Flaschengärung. Diese Methode wird ausschließlich für Champagner und hochwertigste Schaumweine angewandt; sie umfasst ungefähr sieben Prozent aller weltweit produzierten Schaumweine. Das Verfahren ist äußerst aufwendig und kostenintensiv, was sich im Preis dieser Spitzenweine niederschlägt.

So wird vorgegangen:

1. Pressen: Die Traubensorten werden separat sorgfältig gepresst. Rotweintrauben werden nur kurz gepresst, sodass die Schalen nicht zu viel Farb- und Gerbstoffe an den weißen Saft abgeben. Jede Schaumweinregion hat ihre eigenen Vorschiften, was die Anzahl oder Sorte Trauben anbelangt.

Pressen

2. Erste Fermentation: Dem Traubensaft (verschiedene Traubensorten in separaten Gärbehältern) wird Hefe hinzugefügt, die den Zucker in Alkohol umwandelt, oder man überlässt dies wilden Hefen. Das entstandene CO_2 entweicht aus dem offenen Bottich. Der so entstandene Grundwein wird von der Hefe getrennt.

3. Assemblage: 70 Prozent des Champagners besteht aus dem Grundwein des aktuellen Erntejahres. Dazu mischt man ältere Jahrgänge (gelagert in Reserveflaschen), um zu gewährleisten, dass der Stil des Hauses über die Jahre unverändert erhalten bleibt. Dies gilt für Champagner ohne Jahrgangsbezeichnung. Für Jahrgangs-Champagner, die nur in Spitzenjahren produziert werden, wird ausschließlich der Grundwein des aktuellen Erntejahres verwendet.

ERSTE FERMENTATION

ASSEMBLAGE

4. Flaschengärung: Hier liegt der springende Prickelpunkt. Der assemblierte Stillwein wird abgefüllt und erhält, bevor er mit Kron- oder Naturkorken verschlossen wird, noch einen Happen Zucker (Saccharose, Traubenmost) und Hefe. Der Wein gärt nun circa drei Wochen in der Flasche. Dabei entstehen die heißgeliebten »Bubbles«: Bei dieser zweiten Fermentation bildet sich wiederum CO_2, das aber durch die geschlossene Flasche nicht verduften kann.

5. Lagerung: Die Flaschen werden mindestens 15 Monate im Keller gelagert. Einige Produzenten lassen sie sogar über ein Jahrzehnt auf der Hefe reifen (Briochenote).

FLASCHENGÄRUNG

Zweite Fermentation

LAGERUNG

Degorgieren

6. Rütteln: Nachdem der Zucker in Alkohol und CO_2 umgewandelt wurde, muss die übriggebliebene Hefe aus der Flasche entfernt werden. Die Flaschen werden horizontal in ein Rüttelpult gestellt und im Verlauf von 21 Tagen jeweils um eine Zehntel Umdrehung pro Tag langsam und stetig in die Senkrechte gedreht, sodass die Hefe schließlich im Flaschenhals landet. Bei größeren Produktionsmengen übernimmt diese Arbeit heute ein Roboter.

Rütteln

7. Degorgieren: Das nun im Hals der Flasche sitzende Hefedepot wird durch Eintauchen der Flaschen in ein Salz-Eis-Bad eingefroren und anschließend der Verschluss entfernt. Durch den Überdruck schießt das Depot zusammen mit etwas Schaumwein aus der Flasche.

8. Dosage: Der Flüssigkeitsverlust wird durch Wein und Rohrzucker ersetzt. Die Zuckerdosis bestimmt die Süße des Schaumweins.

Dosage

9. Verkorken: Nun müssen nur noch Korken und Drahtkorb angebracht werden. Der Drahtkorb dient dazu, dass der Korken durch den CO_2-Druck nicht aus der Flasche gedrückt wird.

10. Reifung: Je nach den Kriterien des Anbaugebiets muss der Schaumwein nun noch eine gewisse Zeit im Keller reifen. Die Mindestreifedauer für Champagner beträgt 15 Monate und für Sekt in Deutschland 6 Monate.

Tankgärung (Méthode Charmat)
Die Tankgärung ist eine etwas kostengünstigere Methode der Schaumweinherstellung. Statt in der Flasche entstehen die »Bubbles« unter Druck in Edelstahltanks von bis zu 200 000 Liter Fassungsvermögen. Es dauert rund ein Jahr, bis der gewünschte Kohlensäuregehalt erreicht ist. Nach dieser Methode entstehen Schaumweine, die weniger Hefeeschmack haben und größere Bläschen aufweisen.

VERKORKEN

REIFUNG

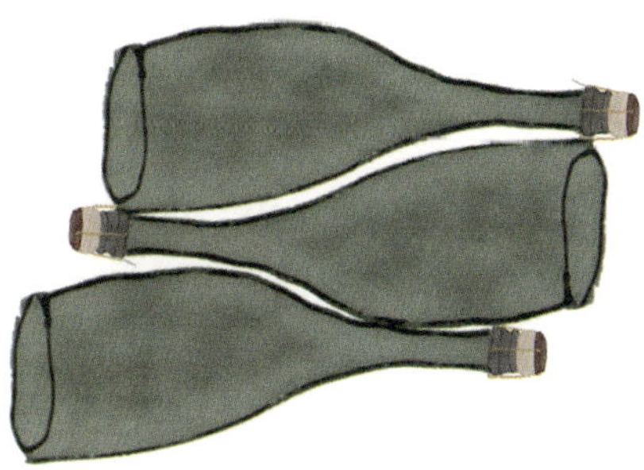

Schaumweinarten

Hier finden Sie die bei uns am meisten verbreiteten Schaumweinarten.

Cava

Für alle, die einen ausgeprägten Luxusgeschmack, aber null Budget haben.
Spanischer Schaumwein aus dem Anbaugebiet Penedès, hergestellt wie Champagner in traditioneller Flaschengärung aus den Traubensorten Macabeo, Xarello und Parellada.
Erhältlich in folgenden Qualitäten je nach Restzuckergehalt:
Brut Nature (0–3 g/l),
Extra Brut (0–6 g/l),
Brut (0–12 g/l),
Extra Seco (12–17 g/l),
Seco (17–32 g/l),
Semi Seco (32–50 g/l),
Dulce (über 50 g/l)

Champagner

Zur festlichen Feier von Hochzeit, Geburt, Beförderung, Vertragsabschluss, Hauskauf und weiteren Anlässen, die Ihr Leben auf den Kopf stellen könnten.
Französischer Schaumwein aus dem Anbaugebiet Champagne, hergestellt in traditioneller Flaschengärung aus den Traubensorten Pinot Noir, Chardonnay und Pinot Meunier.
Erhältlich in folgenden Qualitäten je nach Restzuckergehalt:
Brut Nature, Non dosé, Zéro dosage, naturherb, keine Dosage (0–3 g/l),
Extra Brut (0–6 g/l), Brut (0–12 gl),
Extra Sec, Extra trocken (12–17 g/l),
Sec, Trocken (17–32 g/l),
Demi Sec, Mild (32–50 g/l),
Doux (über 50 g/l; selten bei Champagner)

Crémant

Für gepflegte Einladungen oder als stilvolles Geschenk. Super geeignet für den kultivierten Absturz. Schaumweine, die nach der traditionellen Flaschengärung hergestellt werden. Crémants stammen nicht aus einem einzigen Gebiet, sondern können weltweit produziert werden, zum Beispiel Crémant de Loire, Crémant d'Alsace, Crémant aus der Bündner Herrschaft, Crémant de Luxembourg. (Dosage siehe Seite 132.)

Prosecco

Zur Feier, dass Sie den Montag, Dienstag oder jeden anderen Wochentag überlebt haben. Italienische Schaumweine aus den Anbaugebieten Veneto und Friaul, hergestellt aus mindestens 85 Prozent Gleratrauben. Die restlichen 15 Prozent dürfen aus anderen Traubensorten wie Chardonnay, Pinot Bianco, Pinot Grigio usw. bestehen.

Prosecco spumante (prickelnd):

Qualitätsschaumwein mit mindestens 3,5 bar Kohlensäuredruck, hergestellt durch Flaschengärung oder Tankgärung.

Prosecco frizzante (schäumend):

Perlwein mit 1–2,5 bar Kohlensäuredruck, hergestellt aus Stillwein mit zugesetzter Kohlensäure (was um einiges günstiger ist als das herkömmliche Verfahren).
Erhältlich in folgenden Qualitäten je nach Restzuckergehalt:
Brut (0–12 g/l),
Extra Dry (12–17g/l),
Dry (17–32 g/l),
Demi-Sec (32–50g/l)

Sekt

Fußball, Formel 1, Ski-WM. Erster Platz, zweiter Platz, dritter Platz, letzter Platz. Egal: Es wird gefeiert – Sekt her!
Qualitätsschaumwein aus dem deutschsprachigen Raum (Deutschland, Österreich), hergestellt in traditioneller Flaschengärung oder Tankgärung.
Erhältlich in folgenden Qualitäten je nach Restzuckergehalt:
Naturherb (0–3 g/l),
Extra herb (0–6g/l),
Herb (0–12g/l),
Extra trocken (12–17 g/l),
Trocken (17–32 g/l),
Halbtrocken (32–50 g/l),
Mild (über 50 g/l)

ZUCKERBAROMETER FÜR SCHAUMWEINE

SÜSS

	Sekt	Französische Schaumweine	Prosecco	Cava
mind. 50 g/l	Süß	Doux	Demi Sec	Dulce
32–50 g/l	Halbtrocken	Demi Sec	Demi Sec	Semi Secco
17–32 g/l	Trocken	Sec	Dry	Seco
12–17 g/l	Extra trocken	Exra Sec	Extra Dry	Extra Seco
0–12 g/l	Herb	Brut	Brut	Brut
0–6 g/l	Extra herb	Extra Brut	Brut	Extra Brut
0–3 g/l	Naturherb	Brut Nature	Brut	Brut nature

ÜBERHAUPT NICHT SÜSS, KNOCHENTROCKEN

GAUMENEFFEKTE

Herstellungsmethoden für ein spezielles Mundgefühl

Sicher haben Sie schon mal einen Wein probiert, der sich im Mund so schwer anfühlte, dass er fast schon fett und breit wirkte. Oder Sie haben sich gefragt, weshalb Sie Vanille im Rotwein schmeckten oder wieso ein Weißwein so ungemein prickelte.

Hier finden Sie einige Herstellungsverfahren, die genau für solche Effekte verantwortlich sind.

Sur Lie: Backaromen und Geschmeidigkeit

Nach der Fermentation verbleiben Hefereste im Wein. Werden diese nicht herausgefiltert, und der Wein bleibt weiter auf der Hefe liegen (drei bis vier Monate oder bis zu mehreren Jahren), verleiht diese ihm subtile Bäckereiaromen, ähnlich dem Geschmack von Brioche oder Buttergipfel. Dieses Verfahren nennt man »Sur Lie« (auf der Hefe). Es wird hauptsächlich für Weißweine und oft für Schaumweine angewendet. Wird das Verfahren im Fass durchgeführt, können zusätzlich Aromen von Karamell, Nelken, Vanille oder sogar Raucharomen entstehen. Das Sur-Lie-Verfahren wird auch oft für Schaumweine genutzt.

Sur Lie

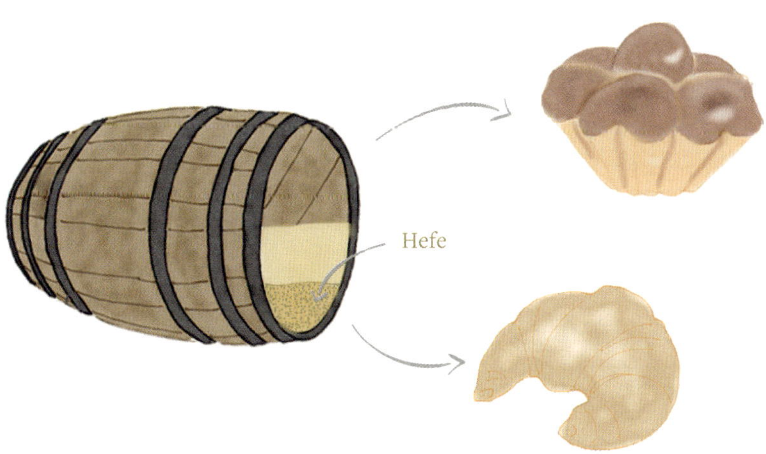

BÂTONNAGE

Bâtonnage: Fülle und Volumen

Um Fülle und einen cremigeren Geschmack zu erreichen, wird während des Weinausbaus die oben erwähnte Feinhefe mit einem Metallstab (bâton) regelmäßig auf- und umgerührt. Dieses »Bâtonnage« genannte Verfahren heißt wörtlich übersetzt »verprügeln«. Bei der Weinproduktion handelt es sich aber eher um ein sanftes, behutsames Rühren als um eine Schlägerei.

Fassausbau: Röstaromen

Eichenholz kommt im Weinausbau zum Einsatz, weil es eine Sauerstoffzufuhr ermöglicht und der Wein so atmen kann, was ihn wiederum weicher, harmonischer und komplexer macht. Etwa so, wie wenn wir genug Schlaf bekommen. Vor allem Rotweine profitieren von einer längeren Reifung im Holzfass, da sie mehr Tannine und Farbstoffe enthalten und diese Substanzen sich über die Zeit in den Wein integrieren. Der Reifungsprozess variiert, je nachdem mit wie viel Holz der Wein in Berührung kommt. Je größer das Fass, desto weniger Kontakt hat der Wein mit dem Holz und dementsprechend langsamer reift er. Salopp gesagt: Kleine Holzfässer beeinflussen den Wein stärker als große Fässer.

Gut zu wissen:
Je größer das verwendete Fass, desto weniger Eichenholzaromen und desto weniger Sauerstoff gelangen in den Wein.

Analog gilt dies auch für die Flaschenreifung: In einer großen Flasche (z. B. einer Magnum von 1,5 Liter) reift der Wein länger und langsamer als in einer

Röstaromen

0,75-Liter-Flasche, da das Verhältnis von Oberfläche zu Gesamtvolumen unterschiedlich ist, jedoch in beiden Flaschen etwa gleich viel Sauerstoff vorhanden ist bzw. entweichen kann.

Doch zurück zum Fass: Eiche ist vorteilhaft, weil das süßliche, würzige Tannin des Eichenholzes die Aromen des Weins betonen kann. Bevor die Böden eingesetzt werden, stellt der Küfer das Fass über ein Feuer; dadurch karamellisiert der im Holz enthaltene Zucker. Je stärker das Holzfass geröstet wird (man nennt dies im Fachjargon auch »Toasten«), desto intensiver werden die Röstaromen: von Vanille bis zu Gewürznoten wie Nelken, von Karamell, Kaffee und Schokolade bis zu Holzkohle- oder Rauchnoten.

Drei verschiedene Eichenarten kommen für den Ausbau von Wein zum Einsatz:

- Französische Eiche wird oft für Qualitätsweine eingesetzt, weil sie dezentere Aromen abgibt als andere Arten und für eine samtige, seidige Weinstruktur sorgt.
- Amerikanische Eiche ist sehr aromatisch und wird für ausdrucksstärkere Rotweine benutzt. Sie ergibt cremigere Weine.
- Slowenische Eiche wird für große Holzfässer und traditionell für italienische Weine verwendet, die jahrelang reifen können: Barolo, Brunello di Montalcino, Chianti. Sie ist aromatisch eher neutral.

Man unterscheidet folgende Holzfassgrößen:

- Barrique (in Bordeaux): 225 Liter
- Pièce (hauptsächlich in Burgund): 228 Liter
- Foudre: 1000 bis 15 000 Liter
- Halbstückfass: 600 Liter
- Stückfass: 1200 Liter
- Doppelstückfass 2400 Liter

Spritzig (Kohlensäure)

Wenn ein Stillwein leicht prickelt, verfügt er noch über ein wenig Kohlendioxid, das von der Fermentation übrig geblieben ist.

Während der Gärung ernährt sich die Hefe von Traubenzucker und produziert Alkohol und Kohlendioxid. Vor der Abfüllung verflüchtigt sich das Kohlendioxid in die Luft. Wenn aber ein Wein abgefüllt wird, bevor die Hefe ihre ganze Arbeit getan hat, wird die Interaktion zwischen Hefe und Zucker in der geschlossenen Umgebung der Flasche fortgesetzt. Somit bleibt das Kohlendioxid in der Flasche.

Kohlendioxid kommt in Stillweinen vor allem dann vor, wenn junge Weine sehr rasch abgefüllt werden. Weine, die monate- oder jahrelang im Holzfass reifen, haben genügend Zeit, das verbliebene Kohlendioxid in die Luft abzugeben, bevor sie in die geschlossene Umgebung der Flasche gelangen.

PHILOSOPHIEN DES WEINANBAUS

Die verschiedenen Philosophien der Weinherstellung sind zurzeit unter Weinfachleuten das meistdiskutierte Thema. Angeregt wird über Kuhfladen, Schwefel, Schafschädel und Fischblasen debattiert. Dabei stellt sich in diesem Zusammenhang oft die Frage, ob man denn den Unterschied zum Beispiel zwischen veganem und biologischem Wein schmecken könne.

Im biologischen und biodynamischen Weinbau geht es denn auch in erster Linie nicht um den Geschmack des Weins, sondern um die Nachhaltigkeit im Rebberg. Bei Naturweinen jedoch lässt sich eindeutig ein Geschmacksunterschied feststellen; da diese oft ungefiltert und nicht geschwefelt sind. Sie riechen und schmecken oft nach Aromen, die mich an Nüsse, überreife Orangen und Kombucha erinnern. Solche oxidative Noten finden sich auch bei Sherry, der – je nach Ausbaustil – unter einer Florhefeschicht heranreift und ebenso nicht geschwefelt wird. Manche sagen, dass die Erkennbarkeit der Herkunft eines Naturweins durch den oxidativen Ausbau verwischt bis unkenntlich gemacht werde. Andere wiederum behaupten das Gegenteil. Ob Schwefel nun des Teufels ist und für Kopfweh und Kater sorgt, darüber scheiden sich die (Wein-)Geister nach wie vor.

Falls Sie einmal einen Naturwein im Glas haben, der an Bauernhof erinnert, lassen Sie ihn ein wenig atmen. Der Geruch verfliegt meistens.

Es arbeiten übrigens viele Winzer und Winzerinnen im deutschsprachigen Raum sehr umweltschonend, verzichten aber auf entsprechende Zertifikate, weil Kosten und administrativer Aufwand, um diese zu erwerben, zu hoch sind. Zudem haben sie so die Möglichkeit, im Notfall bei gravierenden Naturereignissen auf Hilfsmittel zurückzugreifen, die einen kompletten Ernteausfall verhindern können.

Hier die Vor- und Nachteile der verschiedenen Weinherstellungsphilosophien:

Konventioneller Weinbau

Effiziente Produktionsmethode nach dem Motto »Sicher ist sicher«

+ Erhöhter, sicherer Ernteertrag (ausreichende Mengen). Moderate Produktionskosten. Geringe Einschränkungen.
- Nicht sehr nachhaltig. Chemisch-synthetische Pflanzenschutzmittel (Herbizide, Fungizide, Insektizide) sind erlaubt. Einsatz von Technologien zur Weinverbesserung. Geschmackliche Hilfsmittel wie Holzchips sind erlaubt.

Kontrolliert integrierter Weinbau

Naturorientierte Produktionsmethode nach dem Motto »Weniger ist mehr«

+ Schutz für den Menschen. Umwelt- und nützlingsschonende Pflanzenschutzmittel. Strengere Richtlinien für Spritzen und Düngereinsatz für Zertifikat.
- Einsatz von Technologien zur Weinverbesserung. Geschmackliche Hilfsmittel wie Zitronensäure.

VEGAN

Veganer Weinbau

Keine Tiere in den Trauben, bitte!

+ Wein ist an und für sich ein vegetarisches Produkt. Jedoch werden bei Schönung und Klärung (damit der Wein nicht trüb bleibt) oft tierische Hilfsmittel (Eiweiß, Kasein, Gelatine, Fischblasen) eingesetzt. In der veganen Weinproduktion wird auf diese Hilfsmittel verzichtet und auf pflanzliche Produkte wie Tonmineralien oder Erbsenprotein ausgewichen. Im fertigen Wein finden sich höchstens noch kleinste Spuren von Klärmitteln, die aber nicht herauszuschmecken sind.
- Weinrechtlich definiert (offizielles Zertifikat).

Naturweinbau

Den splitterfasernackten Minimalismus pflegen

+ Mindestens biologische oder biodynamische Anbauweise.
  Möglichst keine Eingriffe während der Weinherstellung (keine Hilfsstoffe).
  Nur wilde Hefe wird für die Fermentation benutzt, keine Zuchthefe.
  Dem Wein wird weder durch Filtration noch Schönung etwas weggenommen.
- Weinrechtlich nicht definiert (keine anerkannte Kontrollstelle).
  Lagerfähigkeit nicht immer gewährleistet; der Wein kann sich von Tag zu Tag verändern.

Organisch-biologischer Weinbau

Ganzheitliche Produktionsmethode »im Namen von Mutter Natur«

+ Gesundes Ökosystem im Vordergrund.
  Fördert die Artenvielfalt (Biodiversität).
  Nur organische Düngemittel; Krankheitsbekämpfung ohne chemisch-synthetische Produkte.
  Vorbeugende Arbeitsweise.
  Strenge Richtlinien für Zertifikat.
- Teurer, arbeitsaufwendiger, anstrengender.
  Höheres Risiko eines Ernteverlustes wegen beschränkter Eingriffsbefugnisse im Vergleich zum konventionellen Weinbau.

Biologisch-biodynamischer Weinbau

Geschlossener Kreislauf nach dem Motto »Ein Hoch auf die Homöopathie«

+ Biologischer Weinbau vorausgesetzt.
  Reb- und Kellerarbeiten nach dem Mondkalender.
  Ausschließlich organische Hilfsmittel: neun Präparate (z. B. Kompost).
  Fördert Biodiversität, sorgt für ein natürliches Gleichgewicht und für die Abwehrkräfte der Reben.
- Teurer, arbeitsaufwendiger, anstrengender.
  Höheres Risiko eines Ernteverlustes wegen beschränkter Eingriffsbefugnisse im Vergleich zum konventionellen Weinbau.

Der Schlüssel zur Biodynamik liegt darin, den Betrieb in seiner Gesamtheit als lebendiges System zu betrachten. Zu diesem Zweck sollen biodynamische Betriebe geschlossene, sich selbst unterhaltende Systeme sein. Die Bio-

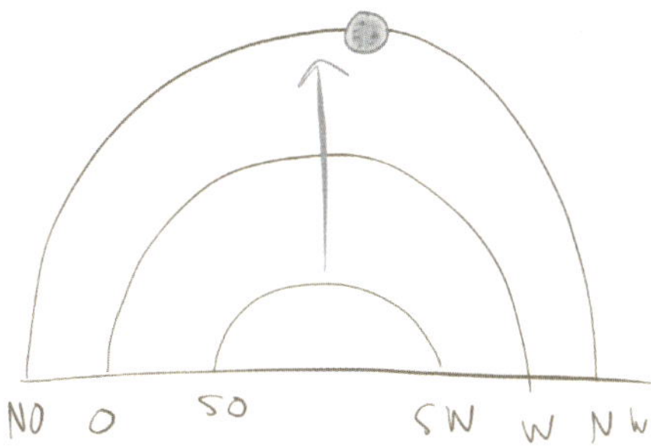

Der aufsteigende Mond

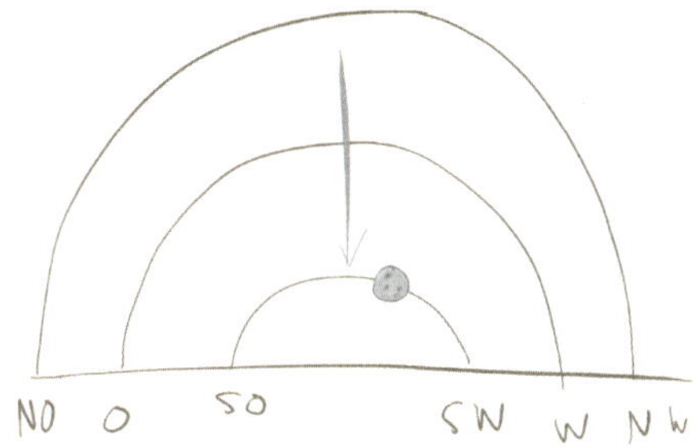

Der absteigende Mond

dynamik betrachtet den Hof oder das Weingut im Kontext von lunaren und kosmischen Rhythmen. Die Kraft des Mondes ist nicht zu unterschätzen, wenn man bedenkt, dass er Ebbe und Flut auslöst.

Einige der wichtigen Prinzipien der biodynamischen Landwirtschaft sind folgende:

Im aufsteigenden Mond (der Mond beschreibt täglich einen etwas höheren Bogen am Himmel) ist der Saftanstieg in den Pflanzen stärker. Die Energie ist auf das Geschehen über dem Boden gerichtet. Folgende Arbeiten werden ausgeführt:

- Präparat 501 (siehe Seite 142) über die Felder sprühen
- Ernten
- Aussaat von Samen

Im absteigenden Mond (die Bögen des Mondes werden täglich niedriger) richtet sich die Energie in den Boden hinein. Folgende Arbeiten werden ausgeführt:

- Reben zurückschneiden
- Bepflanzung ruhender Rebflächen
- Kompostherstellung und -verteilung
- Rebenkultivierung
- Präparat 500 (siehe Seite 142) über die Felder sprühen

In der ganzheitlichen Betrachtung der biodynamischen Bewirtschaftung wird der Boden nicht nur als Träger für Pflanzenwachstum, sondern als eigenständiger Organismus betrachtet. Dazu kommt eine Reihe von speziellen Präparaten zur Verbesserung der Bodenbeschaffenheit zum Einsatz, die zu geeigneten Zeiten im Einklang mit dem Rhythmus der Natur angewendet werden. Krankheiten oder Probleme im Feld oder im Rebberg werden nicht einzeln bekämpft, sondern als Problem im gesamten Kreislauf betrachtet. Korrigiere das Problem im System, und das Problem löst sich von selbst.

Folgende Präparate dienen als Spritzmittel oder Kompost für die Felder:

500 Hornmist: Kuhhörner werden mit Kuhmist gefüllt, im Boden vergraben, der Inhalt später mit Wasser verdünnt über die Felder gesprüht.

→ Wirkt wie Dünger: Regt Bodenaktivität und Wurzelwachstum an.

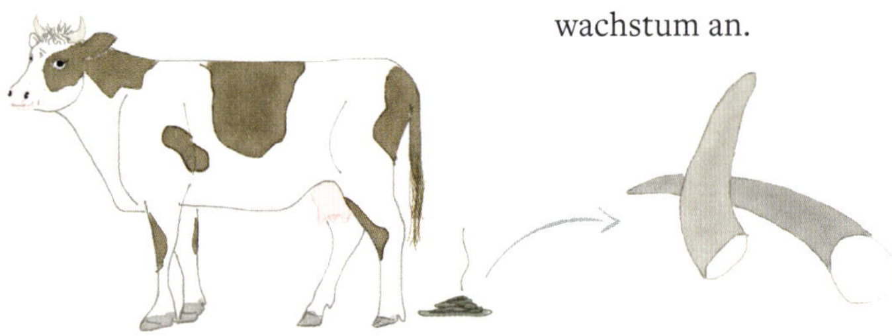

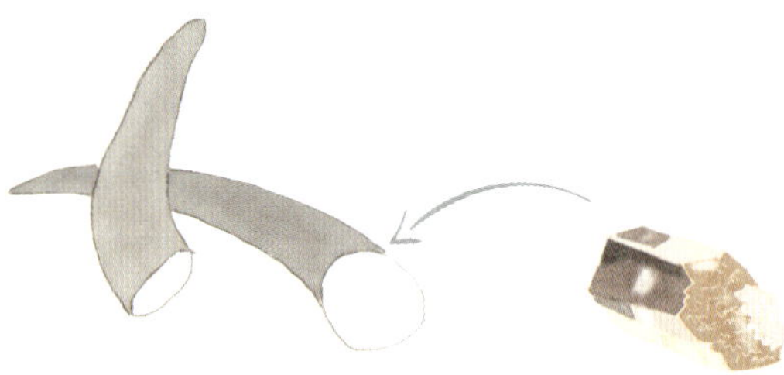

501 Hornkiesel: Kuhhörner werden mit gemahlenem Quarz gefüllt, im Boden vergraben, der Inhalt später mit Wasser verdünnt und über die Felder gesprüht.

→ Fördert Pflanzenstoffwechsel und stärkt ihr Immunsystem gegen Schädlinge.

502 Schafgarbenpräparat: Schafgarbenblüten, in Hirschblase vergoren. Blase wird zum Trocknen aufgehängt und in der Erde vergraben, später als Dünger verwendet.

→ Macht Mineralien für die Pflanze besser verfügbar.

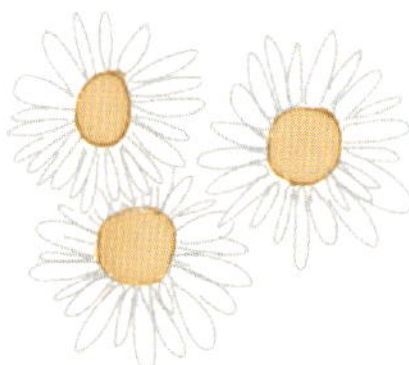

503 Kamillenpräparat: Kamillenblüten, in Rinderdarm vergoren.
→ Fördert Stickstoff im Dünger.

504 Brennnesselpräparat: Brennnessel in Erde, wird dem Kompost oder Gülle hinzugefügt.
→ Stärkt schwache oder wenig vitale Reben.

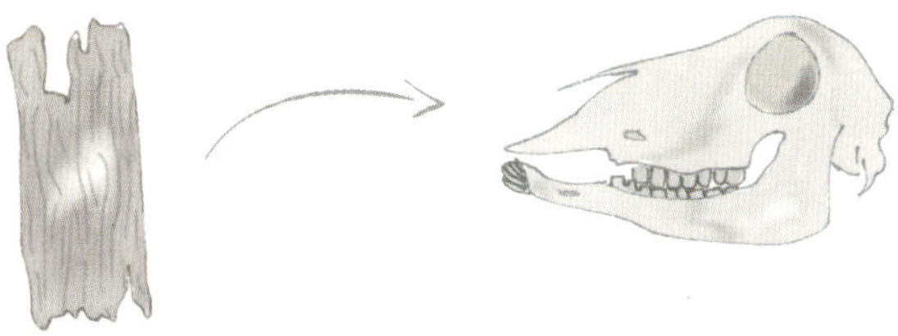

505 Eichenrindenpräparat: Eichenrinde, vergoren in einem Tierschädel.
→ Schützt vor Pilzerregern und wirkt als Insektizid.

506 Löwenzahnpräparat: Löwenzahn, in Rinderdarm vergoren.
→ Stärkt die Nährstoffzufuhr der Reben.

507 Baldrianpräparat: Blütensaft wird dem Kompost hinzugefügt.
→ Fördert Blüten- und Fruchtbildung der Reben.

508 Schachtelhalmpräparat: Getrockneter Schachtelhalm wird mit Regenwasser verrührt und über die Reben gespritzt.
→ Schützt vor Pilzbefall, Fäulnis und Mehltau.

SCHWEFEL

Das Konservierungsmittel für Weine

Da das Thema Schwefel momentan sehr aktuell ist, machen wir dazu einen kurzen Exkurs. Schwefel gewährleistet die Haltbarkeit und Aromenausprägung von Weinen. Stellen Sie sich getrocknete Apfelringe vor: ungeschwefelte sind braun, geschwefelte bleiben weiß. So ergeht es auch dem Wein. Schwefel ist ein Oxidationsschutz und bewahrt auch die Aromen im Wein vor unerwünschter Veränderung.

Was Sie über Schwefel wissen müssen:

- Dem Wein wird nicht reiner Schwefel zugesetzt, sondern Schwefeldioxid (SO_2).
- Sulfite sind Salze der schwefeligen Säure; der Begriff wird aber als Synonym für Schwefeldioxid benutzt.
- Schwefeldioxid kann im konventionellen Weinbau in den folgenden Aufgabenbereichen hinzugefügt werden: beim Einmaischen, nach der Fermentation, Schönung, Filtration und Abfüllung.
- Ab einem Sulfitgehalt von 10 mg/l muss dieser auf der Weinflasche deklariert sein.
- Sulfite sind meistens nicht für die Kopfschmerzen am nächsten Tag verantwortlich. Wenn Sie das Gefühl haben, auf Sulfite empfindlich zu reagieren, probieren Sie es mal mit einer Packung Trockenfrüchte, um herauszufinden, ob Sie darauf allergisch sind. Die enthalten pro Kilogramm über 2000 mg Schwefeldioxid.
- Zucker und Tannine wirken ebenfalls konservierend. Je mehr Restzucker oder Tannine der Wein besitzt, desto weniger Schwefeldioxid benötigt er.
- Trotz aller Vorteile, die Schwefeldioxid mit sich bringt, sind viele darum bemüht, auf Zusatzstoffe im Keller zu verzichten. Je weniger man dem Wein gibt oder nimmt, desto besser und gesünder.

Erlaubter Schwefelgehalt im Verhältnis zum Restzucker

	Weiss-/Roséweine	Rotweine
Konventionell	200 mg/l bei bis zu 5 g/l Restzucker 250 mg/l ab 5 g/l Restzucker	150 mg/l bei bis zu 5 g/l Restzucker 200 mg/l ab 5 g/l Restzucker
Kontrolliert integriert	200 mg/l bei bis zu 5 g/l Restzucker 250 mg/l ab 5 g/l Restzucker	150 mg/l bei bis zu 5 g/l Restzucker 200 mg/l ab 5 g/l Restzucker
Organisch-biologisch	150 mg/l bei bis zu 2 g/l Restzucker 170 mg/l bei 2–5 g/l Restzucker 220 mg/l ab 5 g/l Restzucker	100 mg/l bei bis zu 2 g/l Restzucker 120 mg/l bei 2–5 g/l Restzucker 170 mg/l ab 5 g/l Restzucker
Biologisch-biodynamisch	150 mg/l bei bis zu 2 g/l Restzucker 170 mg/l bei 2–5 g/l Restzucker 220 mg/l ab 5 g/l Restzucker	100 mg/l bei bis zu 2 g/l Restzucker 120 mg/l bei 2–5 g/l Restzucker 170 mg/l ab 5 g/l Restzucker
Naturwein	Verzichtet meistens auf hinzugefügten Schwefel. Keine Richtlinien. Einige Winzer empfehlen 30 mg/l (kann sogar natürlich passieren).	
Veganer Wein	Verzichtet auf tierische Hilfsmittel, ist aber nicht unbedingt biologisch. Muss sich im Minimum an die konventionellen Richtlinien halten. Wenn er über ein biologisches oder biodynamisches Zertifikat verfügt, muss er sich jenem Weinrecht fügen.	

ANHANG

GLOSSAR

Dieses Glossar will weder vollständig noch ausufernd umfangreich, sondern lediglich ein Mittel zum Zweck sein. Wenn Sie die hier aufgeführten Begriffe kennen, steht Ihnen nichts mehr im Weg, sich selbstbewusst in einer illustren Weinrunde zu profilieren. Und darum geht es ja schließlich.

Amarone: Rotwein aus dem Valpolicella-Gebiet in der Region Venetien, der zum Teil aus getrockneten und dementsprechend konzentrierten Trauben produziert wird.

Assemblage: Siehe Cuvée.

Autochthon: Einheimische Rebsorten, die ihren Ursprung an dem Ort haben, wo sie wachsen. Sie gedeihen nur in ihrer ursprünglichen Heimat. Verpflanzt man sie in eine andere Region, besteht die Gefahr, dass sie sterben oder ihr volles Potenzial nicht ausschöpfen. Zum Beispiel Amigne im Wallis (Schweiz), Trollinger in Württemberg (Deutschland), Aglianico in der Basilicata (Italien).

Barbaresco: Rotwein aus Nebbiolo-Trauben aus der Provinz Cuneo, Piemont. Der Name Barbaresco stammt von der gleichnamigen Gemeinde in der Provinz Cuneo.

Barrique: Holzfass, das 225 Liter Wein fassen kann. Oft werden Weine in Barriques gereift, damit sie geschmeidiger werden und/oder eine Holzaromatik bekommen.

Barolo: Rotwein aus Nebbiolo-Trauben aus der Provinz Cuneo, Piemont. Der Name Barolo stammt von der gleichnamigen Gemeinde in der Provinz Cuneo.

Biodiversität: Biologische Vielfalt. Natürliche Lebensräume und Lebensgesellschaften, die die Artenvielfalt erhalten und fördern (Wald, Gewässer, Nützlinge, Tiere, Grünzeug usw.)

Bouquet: Der Geruch eines Weines im Glas (z. B. ein florales oder fruchtiges Bouquet).

Brunello: Rotwein aus Sangiovese-Trauben aus der Ortschaft Montalcino, Toskana.

BSA: Biologischer Säureabbau oder malolaktische Gärung/Fermentation. Der biologische Säureabbau geschieht meist natürlich nach der alkoholischen Gärung. Milchsäurebakterien wandeln die strenge Säure in eine mildere Säure um und sorgen so dafür, dass der Wein weicher schmeckt.

Chablis: Weißwein aus Chardonnay-Trauben aus der Gemeinde Chablis, Burgund.

Châteauneuf-du-Pape: Weiß- oder Rotwein aus der gleichnamigen Ortschaft im südlichen Rhonetal. Rotweine vor allem aus Grenache-, Syrah- und Mourvèdre-Trauben, Weißweine aus den Traubensorten Grenache Blanc, Clairette Blanche, Piquepoul Blanc, Bourboulenc.

Chianti: Rotwein vor allem aus Sangiovese-Trauben aus dem Chianti-Gebiet in der Toskana.

Cru: In Frankreich Bezeichnung einer Lage/Parzelle, die meistens besser klassifiziert ist als andere Lagen und so auch bessere Weine liefern kann. Einige dieser Crus wurden aber bereits vor Jahrhunderten zu »Champions« bestimmt. Daher lohnt sich eine gewisse Skepsis.

Cuvée: Eine Zusammenführung verschiedener Traubensorten (z. B. Merlot und Cabernet Sauvignon), verschiedener Parzellen (südlicher Hang und östlicher Hang), verschiedener Fässer (Wein von amerikanischen und von französischen Holzfässern) oder sogar verschiedener Jahrgänge (bei Champagner) zu einem Wein. Für die Franzosen ein Begriff mit tausenderlei Bedeutungen.

Extraktion: Vorgang vor allem bei der Rotweinherstellung. Den Traubenschalen werden während der Maischestandzeit und der Fermentation Feststoffe (Farbstoffe, Tannine) entzogen.

Fermentation: Alkoholische Gärung. Die Hefe wandelt den Zucker in Alkohol um.

Flach: Bezeichnung für einen Wein, dem Säure fehlt. Er ist »platt« wie Wasser.

Harmonisch: Bezeichnung für einen ausgewogenen Wein ohne aufdringliche Aromen.

Kabinett: Qualitätsbezeichnung für Weine, die je nach Land/Gebiet eine Reihe von sehr unterschiedlichen Bedingungen erfüllen müssen. Grob gesagt, bezeichnet es in Deutschland einen Qualitätswein (Prädikatswein) und in Österreich einen Wein, der strenge gesetzliche Anforderungen erfüllen muss.

Kellermeister/Kellermeisterin: Hauptverantwortliche/r Önologe/Önologin eines Betriebs.

Komplex: Bezeichnung für einen Wein mit einer gewissen Dichte und Vielschichtigkeit (was auch immer das bedeutet).

Konzentriert: Generell positiv gemeinte Bezeichnung für einen Wein, der über Komplexität und Tiefe verfügt. Ein gehaltvoller, komplexer Wein, der eventuell noch etwas atmen muss, bevor man ihn genießen kann.

Lieblich: Professionelle Bezeichnung für einen Wein, der leicht süß schmeckt.

Maische: Glibberiges Gemisch aus Fruchtfleisch, Kernen, Schalen und Saft (Most).

Oechslegrad: Maßeinheit, die das Mostgewicht (mehrheitlich Zucker) der Traube am Rebstock misst. Aufgrund des Mostgewichts kann der Alkoholgehalt des zukünftigen Weines bestimmt werden (Beispiel: 100 Grad Oechsle bedeuten 13,1% Alkohol). Neben anderen Faktoren spielt der Oechslewert auch eine Rolle bei der Bestimmung des Erntezeitpunkts.

Önologe/Önologin: Ist für die Weinproduktion im Keller, das Keltern und den Ausbau (das Reifen) des Weins zuständig.

Pouilly-Fuissé: Weißwein aus Chardonnay-Trauben aus der Region Pouilly-Fuissé, Burgund.

Pouilly-Fumé: Weißwein aus Sauvignon-Blanc-Trauben aus der Region Pouilly-Fumé, Loire.

Prädikatswein: Die höchste Qualitätsstufe deutscher Weine. Sie können von trocken bis zu ultrasüß reichen.

Reif: Bezeichnung für einen Wein mit Aromen von getrockneten Früchten wie Feige oder Pflaume. Bei zu reifen Noten kann der Wein an Marmelade erinnern.

Reserve: Generell Bezeichnung für einen Wein, der eine längere Reifezeit im Fass und/oder in der Flasche genoss.

Ripasso: Gehaltvoller Rotwein aus der Region Venetien, dem bei der Kelterung der Trester aus der Amarone-Erzeugung zugesetzt wird.

Sancerre: Weißwein aus Sauvignon-Blanc-Trauben aus der Ortschaft Sancerre, Loire.

Schaumweine: Weine, die Kohlensäure enthalten, zum Beispiel Sekt, Champagner.

Sedimente: Auch Depot genannt. Über die Jahre hinweg werden aus dem Wein Feststoffe (Gerb- und Farbstoffe) ausgefällt, die sich am Boden der Flasche sammeln. Sie bringen niemanden um und bedeuten auch keine Qualitätseinbuße.

Stillweine: Weiß-, Rosé- und Rotweine ohne Kohlensäure, die normalen Weine eben.

Tannine: Gerbstoffe aus der Traube, die im Mund austrocknend wirken können. Kommt vor allem beim Rotwein vor.

Tresterhut: Traubenschalen und -kerne, die bei der Rotweinfermentation oben auf dem Most schwimmen. Der Wein wird nach dem Ende der Fermentation vom Tresterhut getrennt (mit einem Schlauch abgezogen).

Verschlossen: Bezeichnung für einen Wein, der keine Aromatik versprüht (oder vielleicht ist der Trinkende einfach ein schlechter Verkoster).

Winemaker: Englische Bezeichnung für Winzer/Winzerin. Klingt cool.

Winzer/Winzerin: Ist für den Rebanbau, für Wachstum, Pflege und Ernte der Reben im Weinberg zuständig. Arbeitet aber auch im Keller.

WEINBEZEICHNUNGEN

Weißwein

Chardonnay (weltweit unter dieser Bezeichnung)

Pinot Blanc (Frankreich) = Pinot Bianco (Italien, Spanien) = Weißburgunder (Deutschland, Schweiz) = Klevner (Österreich)

Chasselas (Waadtland, Schweiz) = Fendant (Wallis, Schweiz) = Gutedel (Deutschland)

Muscat (Frankreich) = Moscato (Italien)

Pinot Grigio (Italien) = Pinot Gris (Frankreich) = Grauburgunder (Deutschland)

Rotwein

Carignan (Frankreich) = Cariñena (Spanien), Carignano (Italien)

Grenache (Frankreich) = Garnacha (Spanien) = Cannonau (Italien)

Pinot Noir (weltweit) = Pinot Nero (Italien) = Blauburgunder (Schweiz) = Spätburgunder (Deutschland)

Zinfandel (USA) = Primitivo (Italien)

Syrah (weltweit) = Shiraz (Australien)

DANK

Meiner Familie: Danke für eure Geduld und eure Unterstützung. Ich freue mich über jeden Weinmoment mit euch.

Allen Weinfrauen, die mir jegliche Türen geöffnet haben, sodass ich heute mit meinem eigenen Buch dastehen darf.

Illustrationen Seite 73/74 aus:
Danielle Decrouez, Willi Finger, Peter Haldimann,
Jean-Claude Hofstetter, Rainer Kündig, Christoph Meyer,
Thomas Mumenthaler, Nik Sieber, Ramun Spescha,
Grégorie Testaz: Stein und Wein, Verein Stein und Wein
und AS Verlag 2018, S. 155

6. Auflage, 2020

AT Verlag, Aarau und München
Lektorat: AT Verlag
Illustrationen: Madelyne Meyer
Grafische Gestaltung und Satz: AT Verlag
Druck und Bindearbeiten: Printer Trento, Trento
Printed in Italy

ISBN 978-3-03902-023-2

www.at-vcrlag.ch

Der AT Verlag wird vom Bundesamt für Kultur mit einem Strukturbeitrag
für die Jahre 2016–2020 unterstützt.